文案创作
从入门到精通

王航　编著

企业管理出版社
ENTERPRISE MANAGEMENT PUBLISHING HOUSE

图书在版编目（CIP）数据

文案创作从入门到精通 / 王航编著 .— 北京：企业管理出版社，2017.12

ISBN 978-7-5164-1637-2

Ⅰ.①文…　Ⅱ.①王…　Ⅲ.①汉语—应用文—写作　Ⅳ.①H152.3

中国版本图书馆 CIP 数据核字（2017）第 296597 号

书　　名：文案创作从入门到精通

作　　者：王　航

责任编辑：陈　静

书　　号：ISBN 978-7-5164-1637-2

出版发行：企业管理出版社

地　　址：北京市海淀区紫竹院南路17号　　　邮编：100048

网　　址：http://www.emph.cn

电　　话：编辑部（010）68701661　发行部（010）68701816

电子信箱：78982468@qq.com

印　　刷：香河闻泰印刷包装有限公司

经　　销：新华书店

规　　格：170毫米 × 240毫米　16开本　　10.25印张　132千字

版　　次：2017年12月第1版　　2017年12月第1次印刷

定　　价：39.00元

序言

Wenan Chuangzuo
Cong Rumen Dao
Jingtong

写作一本文案教学书籍，我竭力用通俗的语言把最严谨科学的观点呈现给大家，这是这本书的语言基调。

文案是广告的根源，所有类别的广告只是用不同形式来表达文案思想而已。所以在这本书里，我会将“文案”与“广告”两个词交替使用，它们代表同一层意思。

从某方面来说，广告就像一种人为传播的“病毒”，它已经渗透到了地球的每一个角落：厕所、公路、墙、树、窗户、汽车、地铁、啤酒瓶、一匹马的屁股上、一个人的脑门上、一条船的马达上……你可以无限列举，如果广告是一种生物，它已经繁衍到令人“发指”的地步。

同样，广告也占据了互联网——或许不是“占据”，用“统治”来形容更贴切。你不可能找到任何一个“干净”的网页，对于这个“不可能”我是非常确信的，就像我确信口渴了喝水能解渴一样，所以我知道如果你找到了一个“干净”的网页，那么这个网页肯定就是“商品”介绍页。互联网和广告是一对连体婴儿，它们从出生那一刻开始就在一起，以后也不会分开。如同前文把广告比喻为病毒，我再给出一个比喻：互联网就是人类为“病毒”建造的传播通道。

我写以上的文字，除了说明广告泛滥的现象，还想提几个问题。

- 为什么广告会如此泛滥？
- 互联网与广告的关系真的如此紧密吗？
- 广告的目的是什么？

你是否思考过这些问题呢？不管你有没有这样做，我唯一可以确定的是，如果你没有思考过这个问题，那么你肯定做不出好的广告来。

我们在生活中会看到各式各样的广告，绝大部分广告你都会立刻忘掉，只有极少数可以在你的脑袋里存活下来。虽然存活下来也不是广告的目的，但跟那些直接被人遗忘，没有留下一丝痕迹的广告比，活下来显然已经好太多了。

以上三个问题都可以用“价值”来作为答案，只是我们需要思考它们的不同之处。

我需要一个奇怪的公式：

A（发布人）在 B（发布平台）上发布广告，可以获得 C（价值）。

第一个问题的关键在于 A，A 可能是一个学生、商人、政治家、慈善家、健身教练——总而言之，地球上每一个人都是 A，他们都想获得 C，这种需求与生俱来，所以广告才会泛滥，并且永远不会消失。

第二个问题的关键在于 B，互联网是迄今为止最优秀的发布平台，它具有最好的传播性，而“病毒”的信仰就是传播。

第三个问题的关键在于 C，广告的目的就是为了获得 C，如果一个广告做不到这一点，那么它就失败了。

ABC 的关联并不只有我说的这些内容，还有下面这些：

· 是 C 推动了互联网的发展，简单地说，因为互联网可以帮人做生意挣钱，所以它才发展得这么快。

· 你会在互联网上看到各种电影、电视剧、综艺节目、新闻，这些内容本质都是作为广告载体存在的。

文案是广告的一部分，而且是非常重要的一部分。

我们学习文案的写作，实际上也是思考广告本质的过程。那么广告的本质是什么？

绝大部分的广告都是商品广告，这些广告的目的是将商品推销给消费者，这是它唯一的目的；国外政治家们在各类载体上为自己打广告，目的是为了获取选票，获取选票就是这类广告的目的。

接下来的这句话会在本书中出现很多次，这句话叫作：你的目的很重要。

另外，“红灯停，绿灯行”是交通规则，我们都从小学习这个规则，所以就这一点而言，我们在马路上的通行不会存在争议。

但广告不是，甲方乙方会产生分歧，因为我们并没有学习广告的规则。事实上，我们需要规则，因为经验是会出错的。

这本书会阐明一个规则，你会理解它。

编　者

2017 年 8 月

目录

Wenan Chuangzuo
Cong Rumen Dao
Jingtong

第 1 章 了解文案

得益于互联网的发展，文案创作者这个职业广为人知。最早的时候，有个职业叫文秘，他们往往兼任了秘书与撰写文书的工作。他们为企业写公关稿和员工手册，我想他们应该就是早期的文案创作者。

1.1 关于文案更深的思考

我们思考文案最终的目的是为了写出更精准的文案，如果在最开始的时候，你的想法是错误的，那么你的努力可能并不会带来成效，这是一件让人沮丧的事情。

当然，如果你把文案的本质思考得十分透彻，你也会沮丧，但这个沮丧的根源至少不会是你走错了方向。

1.1.1 文案优劣的评判标准

我们在评价一条文案、一支广告好不好的时候，凭借的往往是自己的直觉，但直觉并不完全准确。

Tips：

有一些看起来很俗气的广告，有可能让销售额获得大幅提升；反之，很多看起来高大上、气派十足的广告可能对产品销售而言并没有太好的效果。

其实很多广告人是不愿意承认这一点的，但它却是事实。

要了解，广告人并不是艺术家，只是一个销售员而已。一则广告的艺术成就并不是评判这个广告人成就的标准，这则广告所带来的产品销售额提升才是评断广告人成绩的标准。

发展至今，文案的作用日渐凸显，一个优秀的文案创作者可以为任何一家企业做出贡献，同样，企业也在寻找这样的人。

优秀的文笔是一个文案创作者必备的技能之一，但同时，一个拥有好笔头的人并不一定适合做文案创作者。

在传统文学中，我们会将一个事件或者一个人的外貌通过夸张或者戏谑的手法描述，这样可以让观众产生一种与此物贴近的感受。如果你没有好的文笔，就没有办法写出优秀的传统文学作品。

但文案很多时候则显得简单直接得多，它与传统文学有一个很显著的区别：文案要写得简单直接易懂，传统文学则没有这样的约束。

所有类型的文案，都非常有目的性，它并不是传统的文学创作。比如：笔头好的人往往都喜欢阅读，具有天马行空的思维。但如果你正在写的是一份产品目录，那么你需要让你的文笔更严谨，拓展性思维在这个时候是用不到的。

对商品文案而言，我们所说的目的性就是销售。比如你如果销售橘子，你针对橘子本身的特性，为这个橘子筛选确定目标人群后，橘子的价格以及销售策略就是你需要思考的重点，你的创意也是针对这个确定的销售策略展开的。你没有办法脱离橘子本身的属性去谈创意，如果你这样做，这就是为了创意而创意。

我们常常会看到一些获奖的广告或者文案，它们无一不是充满格调的。

广告公司也经常会拿这些获奖广告来教育广告新人，但我认为不会有太好的效果。在我看来，大部分的获奖广告都脱离了广告的本质，仅仅是为了获奖而作，它们不应该作为优秀广告范例。

固执地以格调高作为优秀广告标准的行为，对广告行业是一种“灾难”，这也许会将大量广告新人引入深渊。电影分为商业与艺术两类，文案是前者的属性。

1.1.2　深刻明白什么是文案

什么是文案？我想我们也许并没有认真讨论过这个问题。我在网络上经常会看到诸如“如何写好文案？”以及“这个文案是否还有改进的地方？”之类的问题，但没有人问“什么是文案？”，其实这才是解决文案疑惑的关键。

那么，什么是文案呢？笼统地讲就是商业文字，稍微详细的解释便是：用来销售商品的文字。如果要我们判断一段文字是单纯的文字创作还是文案，只需要知道这段文字是否是为了商品销售而写作。

文案这个概念是如何诞生的？我想没人知道答案，但唯一可以确定的是，是人类的交易行为推动了文案的诞生。

同样的商品，总会有人比别人卖得多，人们会称他为聪明人。其实聪明倒不一定，但他一定掌握了商品交易的秘诀，文案就是其中之一。

我将文案形容为秘诀，也许你下意识就会认为这是一项很厉害的技能。但事实上，文案就是一个用文字销售商品的“销售员”。评价一个文案好不好，不在于其文字多有创意，是否一波三折让人感动，唯一的考核标准就是它能不能让商品销售出去。

Tips：

或许你有让人惊艳的创意，有让人折服的文字写作技巧，但如果这些创意和文字不能促进商品销售，那么作为文案，这就是不合格的。

这么说来，文案创作者好像也不是那么厉害。事实并非如此，文案的艺术远比你想象中的高深，文案需要创意，也需要过人的文笔。

上面的论述也许会让你产生一个误解，即文字目的和文字格调是相互矛盾的，其实不然，文字能不能让人看下去也是一个重要的点。同时，我们带着销售目的写文案，便不要害怕提出自己的商品，而是要将自己的商品在文字里大大方方地提出来，想卖东西却迟迟不讲真正的目的是不对的。

现在互联网非常发达，通过网络可以达到非常好的传播效果，互联网上的广告思维和传统的广告思维也必然有异同。所以我们为了传播方式会做出有爆点、吸引人眼球的文章或视频，这是普遍的网络推广方式，如果切入点正确并且定期更新会吸引很多流量。

有很多网络媒体不愿意在自己的平台植入明显的广告，我认为这是没有必要甚至错误的。我相信所有的网络媒体一定都希望盈利。但事实上，现在网络媒体与商家之间的默契配合是很欠缺的。这当然与传统广告转至互联网广告的时间不长有关，但更多的是还没有形成固定的模式。

有很多流量很高的网络媒体，它们在内容这一块是非常成功的。但一旦涉及流量变现，便显得无所适从。它们希望盈利，但却缺乏盈利的思路。

对商家而言，需要考虑一点是：选择一个网络媒体发布广告，但其内容的流量不等于商品的销售。

我见过太多的网络创意，创意者将商品悄无声息地融入一篇文章或者视频里，这个内容基本都会获得较好的传播，这些创意者更看重这个内容的浏览量。我会去翻看这个内容的评论，有些时候我会很惊讶：居然没有人发现这是一个商品广告。

这个内容的制作者或许会很自豪：你看！这篇软文写得多“软”，根本就没有人发现这是一个商品广告。但我必须要指出的是，这个内容或许很棒，但如果把它当成一个产品商告来看，简直是烂透了。

最好的互联网广告是这样的：①观众很享受这个内容的阅读体验；②他们在这个内容里看到了产品最大的卖点；③能激起购买欲。对于网络媒体而言，最好的软广应该达到以上三点要求。

网络媒体会思考：如果我将广告做得很“硬”，那么流量就会变低，报表就不会太好看了。

我觉得这是一个甲方乙方都需要思考的问题，不是单方面能够解决的。一方面，商家要学会不要只看内容的阅读量，要去观察自己商品的销量。另一方面，内容制作者在为商家做广告的时候，要把自己当成一个广告人，一旦内容涉及了商品，你就不再是一个艺术家，而只是一个产品销售员。你必须要有这样的觉悟。

1.1.3　高雅广告的主要目的

当然，也有非常多格调高雅的广告，这些广告看起来光鲜亮丽并且创意十足，它们的存在同样具有深远的意义。

有时候，这类广告并没有详细介绍商品，其内容可能不会提到商品的材料或者设计，但这类广告为商品塑造的是一种高雅形式。

高格调广告的意义究竟是什么呢？答案是为了保持商品溢价，一家积淀深厚的企业，其商品价格可以高于商品本身的价值，并且依然能够得到消费者的青睐。

这样的企业已经不需要再去介绍自己的商品了，经过几十年甚至上百年的发展，它们的商品已经通过了市场的考验。但如果企业和商品并没有深厚的沉淀，一味地追求格调高雅的广告是没有意义的，更多时候，还是需要将商品描述清楚的广告。

知名的箱包品牌 LV，这家企业 1854 年成立于法国巴黎，距今已经有一百多年的历史了。很早以前，LV 的广告中便不再介绍产品工艺了，其广告创意包括请一些超级模特挎着 LV 的箱包在广告或者 T 台上出现，也会将 LV 的产品与知名画作融合，这些创意都是为了强调产品的质感与格调。

LV 最初为航海员、工程师们提供质量良好的箱包产品，用优良的工艺征服了所有人，最后甚至成了皇室御用箱包。这个过程是漫长的，却是一家成功企业的必经之路。

如果本末倒置，在消费者完全不了解商品的情况下，强调商品的格调，则这个广告很可能是失败的。有一点要记住，消费者购买商品很大程度上不是因为商品的格调，而是因为商品的质量与功用。

这就是为什么我要说，在商品质量还没有获得认可之前，做高大上的广告是没有意义的。对此，广告从业者一定要有深刻的认识。

1.1.4 理解“刻意的庸俗”

在“庸俗”与具有销售力之间，文案创作者需要做一个好的平衡，有时候，“刻意的庸俗”也能带来良好的销售力。

何谓“刻意的庸俗”？简单一点说就是通俗有趣的大白话，流传于街头巷尾的口头语或者网络流行语，经过一些加工改进就可以用来当作文案标题或者广告语。

Tips：

引起共鸣是挺难的一件事情，但很多流行语已经具备了这个属性，如果合适地将它们改进然后融入文案，自然可以引起消费者共鸣。

另外，有很多广告会以朋友、家长、老师或者恋人的语气来完成对商品的描述，使用非常口语话的广告词，让人有亲切感。

范例：

我最喜欢阿里巴巴的广告语：让天下没有难做的生意。这条广告语非常简洁又直接宣示了企业的愿景，是通俗广告语的佳作。

类似的还有百度的广告语：百度一下，你就知道。京东的广告语：网购上京东，省钱又放心。

以上我举了三个例子，都是中国规模非常大的互联网企业的广告语，都异常简单。你是否会想：这些广告语太通俗了，一点技术含量都没有，我能写出比这个更好的广告语来。如果你有这样的想法，那么就可能你还没有理解什么是文案，可以把前面的内容再看一遍。

其实，简单复杂都可以，最重要的是文案要让人一下记住这家企业或一目了然这个商品的功能。看这三条广告语，即使你从未听说过这三个公司，也能大概知道它们是做什么的。

台湾味丹企业旗下有一个矿泉水品牌叫“多喝水”，它们的广告语是：多喝水没事，没事多喝水。

这条广告语也是简单的，一度还被当成广告语范例示人。而事实上，这条广告语是非常失败的，因为它滥用了文字技巧，而忽略了真正要表达的事情。

如果你不知道这家企业是卖矿泉水的，只看到了这条广告语，甚至都不知道这是一家矿泉水公司；即使你知道了这家企业是卖矿泉水的，也不知道它想表达什么。

你看京东的广告语，会知道在这里购物“省钱又放心”；看阿里巴巴的广告语，会知道这里“没有难做的生意”。但是看这家矿泉水企业的广告语，却读不出来任何东西，“没事”这样的词对于矿泉水来说没有意义，毕竟消费者喝这个牌子的矿泉水不是冲着“没事”来的。

如果改写为“多喝水最健康，多喝水最纯净，多喝水最好喝。”消费者或许会明白喝这个牌子的矿泉水能得到什么。

矿泉水类产品比较成功的广告语大家都知道，就是“农夫山泉有点甜”。

基于以上的描述，我们会明白“刻意庸俗”的意义何在。

1.1.5 从基础到卓越

很多广告人会为了所谓的格调写出看不懂的文案，到最后，自己也迷糊起来。

Tips：

消费者为内容狂欢，却不为它们买单。这种现象之所以产生并不是消费者的问题，而是内容创作者的问题。

因为在最初的时候“销售商品”就没有成为广告创作的目标，创作者所有的想法都在为流量服务，他们甚至觉得商品本身会拉低流量而不愿意提它。创作者的态度如此，消费者自然无法在内容中看到商品的特性与优势，也根本找不到购买产品的理由。

所以，好的文案不管文笔如何，至少内容中要出现这个商品的优势，这就是文案的基础。

任何事情都是从基础到卓越，作为一个文案创作者，需要有这样的觉悟：先把一条文案写合格，再试图让它变得优秀，千万不要本末倒置。

何谓合格的文案？要做到两点要求：诉求明显，语句通顺。

文案创作最终的目的是让文字帮助商家销售商品，一切都要为这个目的服务。好创意一定要用在最适合的商品上。

1.1.6　听听大师们的看法

美国传奇写手罗伯特・布莱（Robert W. Bly）所撰写的文案教学书籍《文案创作完全手册》中，引用了 14 位广告界专家对广告、文案的看法，我将其中 3 条摘录出来。

1. 詹姆斯・伍德《广告时代周刊》

广告的"文学性"不是衡量其成就的标准。有优美的辞藻不见得就是优秀的宣传文案；其他特色如标新立异、引经据典、别出心裁的想象，或押韵又好记，也都不是成功文案的必备要素。

2. 克劳德・霍普金斯《科学的广告》

广告不是用来娱乐大众的。如果广告变成娱乐，它将会吸引想被娱乐的对象，而不是你期待的消费者。这是广告业可能犯的重大错误之一；文案写手抛弃了自己的本分。他们自己是销售人员，反而表现得像个演艺人员；他们希望听到的是掌声，却并不追求销售。

3. 罗伯特・斯诺戴尔《电视广告为什么不管用》

太卖力搞笑的广告，通常会让消费者反感，但目前有许多广告公司风行这一套。这让我产生一个疑问："为什么它们要制造出这些脑残的角色，要宝个 30 秒或更长的时间，且这些角色从头到尾只提到产品名字一两次？"

我用美国杨雅广告公司（Young Rubicam）创办人雷蒙·罗比凯（Raymond Rubicam）对广告的观点为这些语录做个总结：广告的目标就是卖出产品，没有其他借口可说。

1.2 优秀文案的学习思考

作为一名文案创作者，你的目的是将文字写出销售力，这是文案的书写逻辑，要让这个逻辑更好地展开，你需要更多的并非文案本身的知识，而是其他更广泛的涉猎，你的眼界决定了你的文案的拓展程度。

1.2.1 增加你的生活阅历

Tips：

阅历对文案创作者来说是非常重要的，好的文案创作者一定是一个生活观察家，而不一定是一个大学者。

大学者可以去探究人生与哲学，他在文字里所展现的东西比一个商品文案要多得多，他可以在描述爱情的文字里融入天文地理星星月亮，这种无框架的形式可以使他的文字更精彩。

而文案创作则是在一个限定的框架里进行，所有的文字包袱都是为了展示商品。如何对不同的人群销售不同的产品？即便你看了很多文案书籍，但如果对生活的观察不细致，写不出触动消费者的文案来。

丰富的生活经历是一个文案创作者的财富，永远躲在自己的小圈子里，思维就会被限定。不同的职业有各自的职业圈，不同类型的人也会到不同的论坛里参与讨论，他们各自有着迥异的思维模式。

几乎所有的成功广告，都源自对生活的细致观察，一个商品能带来什么样的情绪，都来源于对消费者心理的精准判断。

1.2.2　合理利用消费者政治

Tips：

为什么有的首饰可以卖得那么贵，并且供不应求，其中的销售哲学其实更多与心理有关。如果能准确合理地利用消费者政治，就可以为商品赋予更高的价值。

消费者政治不是谁创造的，而是它本身就存在于人们的生活中，只是需要将其挖掘出来。试想，如果没有思考生活状态的习惯，是不可能抓到精准的消费者政治的。

消费者政治的形成有规律可循。但如果错误地理解了目标人群的消费者政治，就不能激起消费者的购买欲。女人买饰品，男人买车，如果想在广告中加入一些心理诱因，首先要很明确地知道消费者们对这件商品的看法。

1.2.3　保持强烈的好奇心

优秀的文案并不是埋头写出来的，好奇心是成为一个优秀文案创作者非常关键的要素。在网络上，我看过一个朋友回答关于“如何成为文案”的提问，他这样回答：当你对一件事物或者商品存在疑问，你是否会兴致勃勃、抽丝剥茧地寻找源头，直到你找到答案。这个回答我非常认同。一个普通的物品，比如非洲的木头，亚马孙的鱼，当你对其产生了兴趣，你会不会打开几十个甚至上百个网页搜寻有关这个物品的一切呢？如果你有这样的习惯，那么恭喜你，你具备了文案创作者最优秀的品质：追踪源头的好奇心。

从某种层面上来讲，好奇心也意味着你有包容的本质。很多事情，不去探寻源头就是无法理解的。比如一部电影，你觉得很烂，但它卖出了高票房；一个你身边的人，平淡无奇但却获得了很高的成就；一个商品，在不同的人手中有不同的销量——在生活中，你会遇到很多无法理解的现象，其实并不是无法理解，只是你没有去探究它。

这些问题的答案都是真实存在的，了解越多的现实，就可以越好地了解消费者。

Tips：

一个优秀的文案创作者可能不需要看专业的文案书籍。如果你看了很多书与电影，永葆对事物的好奇心，下意识地去读一则广告，热爱旅行与生活，会思考人与人之间、人与世界之间的关系，你就是一个天生的文案写手。

1.2.4 使用自己创造的素材

通过阅读你会发现很多作家都是在描写自己身边的事。有一双善于发现的眼睛，是作家与普通人的区别。同样的一件事，比如男同事为女同事端了一杯咖啡的举动，在不同人眼里会产生不同的联想，有人会想到温暖与和谐，有人会想到暧昧与情愫。观察到两个人细微的举动，就能做出很多联想，而这些就是写作素材。作为一个文案创作者，不能等着别人给你提供创作素材。如果这样做，你永远无法成为一名优秀的文案写手。

Tips：

有不少广告人认为只要抄得好，那么抄袭这个举动就没有问题。事实上，职业道德固然不能包容这个行为，看见一个事物，优秀的文字工作者就如前文所述会不顾一切地搜寻这个事物的一切资料，而迟钝的文字工作者会直接打开别人已经得出的结论。

1.2.5　内涵非常重要

周星驰很厉害，他拍的电影很多人喜欢，或许有导演拍摄手法比他更好，但如果不了解电影里的核心，便不可能拍出周星驰那样的电影。周星驰电影吸引人的地方不仅在于“无厘头”，更在于他电影中所传达的情感。

周星驰电影里的核心是：真实并且触手可及的生活与感情。很多电影中的香车美女王子公主很好看，但我们都没有经历过，周星驰电影中的桥段却有可能都是我们生活的再现。

Tips：

有一个成语叫东施效颦，讲的是：古时候一个叫东施的女子发现身边所有的人都在称赞一个叫西施的女子，他们都夸奖这个女子美如天仙。于是东施就开始学习西施的一举一动。西施常常皱眉头，于是东施也总是皱眉头。可是在东施做完这些后，人们却用更厌恶的眼神对她指指点点。西施善良且有才情，东施以为人们是被西施皱眉头的样子吸引，其实西施的善良与才情才是她被人赞美的核心原因。

要学习一个成功的人，不是打扮成他的样子就可以了，而是要去学习他的品行，学习他的才华。

评判一个人，不是看外表而是看内涵。

作为一个文案创作者，作品是不是有内涵不取决于文字水平的高低，而是取决于作者本身的涵养。

1.2.6 请保持真挚

Tips：

真挚对于文案创作者而言，也是非常重要的特质。文案创意与文字能不能感动人心，取决于作者的真挚程度。

如果你真挚，就不必特别注重如何让消费者相信你的文字，因为你自然的真挚已经提供了让消费者信任的最好支持。当然，因为真挚你也不会写出一些让人看不懂的文字，如果你的文字别人看不懂，说明你已经脱离了你的消费者，你只是希望是用文字体现你的尊严与格调。

第2章 学会撰写优秀的标题

在网络时代，人们的时间安排更加紧凑了。体现在阅读上，现在有个词叫“碎片化阅读”，它指的是人们倾向于阅读一则信息中较为吸引人的部分，而其他的铺垫会被直接忽略。

当你认识到“碎片化阅读”在现代人中的蔓延趋势，你便更能明白一篇文章的标题是多么重要。当消费者的眼睛扫过屏幕，如果他不能第一时间在你的标题中发现吸引自己的东西，那么你所做的一切都是徒劳。

2.1 优秀标题的本质

在繁多的网络信息面前，读者给予你的标题的阅读时间可能只有0.5秒，读者的眼睛扫过标题，如果没有吸收到对自己感兴趣的信息，那么这个标题对于这个读者而言，就永远失效了。

无论是何种形式的广告，读者首先一定会接收到一条关于整个内容的简短信息，有可能是黑暗中出现的一句旁白，或者是贯穿整个视频内容的一个场景，这则信息决定了读者会不会继续往下看。

Tips：

在这里用一则比喻来说明标题的作用：我们常常会看很多电影的片花，一个多小时的电影，被剪成 1 ～ 5 分钟的片花，片花的第一个镜头就是这段片花的标题。我们可以分析一些优秀的电影片花，看第一个镜头出现了什么，由此去理解标题的本质。

一部讲怪兽的电影，片花的第一个镜头一般就是一个张牙舞爪的怪兽在毁天灭地，巨大的楼房被摧毁，坚固粗大的钢筋被折弯。

一部讲穿越的电影，片花的第一个镜头可能是一句旁白：如果你回到了 2000 年前，你还会过和现在一样的生活吗？

一部励志电影，片花的第一个镜头可能是一个老者对一个小孩讲：如果你有理想，你就应该去捍卫它。

可以将标题理解为一则信息的第一印象，这个印象决定了是否可以吸引目标用户，以及目标用户能否在这个第一印象中阅读出有价值的信息。

比如要在网络上为一盒蚊香做广告，无论这个广告是以何种形式呈现，第一眼看到的东西一定要让读者感觉到价值。

如果这个蚊香广告以视频形式呈现，那么它的第一个镜头就一定要与灭蚊有关，而且这个关系要十分直接。你不能在第一个镜头里放出一群要去野外露营的孩子，尽管最后你也可以将重心转回蚊香灭蚊，但那群准备露营的孩子不能放在第一个镜头里。如果视频较短，更要直接出现一片点燃的蚊香，然后远景中的人们安然入睡。如果视频稍微长一些，则可以加入人们被蚊虫叮咬烦躁不安的场景，甚至还可以出现蚊虫叮咬的伤口特写。

范例：

如果蚊香广告以海报的方式呈现，那么你可以写出这样的标题：

- *强效灭蚊，让你隔天好精神*
- *无烟蚊香，强效又健康*

这两个标题，即便你一扫而过，也已经接收到它想要传达的信息，如果有这样的需要，你便有很大的可能会购买这个商品。

标题还应起到说服作用，好的标题总是具备良好的沟通功能。如果是文案创作新手，他们可能会为这个蚊香写出诸如“睡不着才想起它的好”“有它没蚊子，有蚊子没它”这样的标题，这样的标题缺少说服力并且不能让阅读者对商品产生最好的第一印象，这类标题是失败的。

2.2　标题的类型

针对不同商品、不同的目标人群以及不同的展示平台，设计更有针对性的标题会带来更好的效果。比如，数码产品选择数据型标题，装饰类产品选择情感类标题。

2.2.1　提出解决方案的标题

直接在标题里说明产品可以解决的问题是十分有效的标题方式。

范例：

- *极速控温，17 分钟拥有最舒适温度*
- *月减 15 斤，超有效的减肥药*

针对一款高配的游戏电脑，可以找出这款电脑能够运行的游戏，比如《孤岛惊魂》，文案就可以写“高配游戏电脑，可完美运行单机大作《孤岛惊魂》”。

虽然几乎所有的商品都可以使用此类标题，但这类标题更适用于需要强调某种效果的商品，比如保暖内衣，效果是保暖，塑形内衣，效果是塑形，如果是单纯的内衣则不适合用这类标题。为商品选择合适的标题类型也是一个文案创作者需要思考的。

2.2.2 列出核心数据的标题

直接在标题里表明商品吸引人的卖点，并以数据加以说明。

范例：

- 2000 万柔光摄像，人人都是摄影师
- 高速固态硬盘，8 秒传送 30G

此类型的标题往往应用在数码产品上。使用此类标题，商品的核心数据必须较同类商品有优势，否则不宜选用此类标题。

2.2.3 情感诉求式标题

去理解消费者可能产生的情感，将这种情感与商品相结合。

范例：

- 原来自信的脸颊是因为有它（化妆品）
- 脚上的翅膀，真的可以飞翔（轻便跑鞋）

关于情感诉求，诉求来源就是商品特性，而不是随便写出一句有感情的话，要注意区别。

2.2.4　悬念式标题

悬念是基于消费者的疑惑或关注而得出的，而不是脱离商品随意想出来的。

范例：

- 所有的人出门的时候都捂着肚子微笑（自助餐厅）
- 他们刚刚在科技最前端走了一圈（科技馆）

使用悬念式标题，并不是让消费者完全猜不透，而是要激起他们的好奇心，并且这种好奇心要与商品相关。比如，为一家餐馆做宣传单，如果写“他们为什么在我这里笑开了花？”就不行，笑开了花跟餐馆没有必然联系，而要写成“他们捂着肚子出门，真的这么开心吗？”

2.2.5　疑问式标题

此类标题很容易理解，就是写一个疑问句。“他们究竟怎么了？”“这件事是如何发生的？”“我的可以放进口袋，你的呢？”可以写很多这样的问句作为文案，但是切记，解决疑问最终的答案是你要宣传的商品。

范例：

- 为什么这款电脑让他们的精神更好？
- 它为什么被称为极好的私人医生？

可以把疑问式标题理解成一个过渡语，正文中会回答这个问题。如果读者对这个问题感兴趣，一定会读下去，因为他想获得答案。

2.2.6 夸张式标题

无限夸张但又不脱离实际并不矛盾，比如可以有这样的标题“我发誓，这是我今年吃到的最好吃的比萨”。

还可以用“迄今为止”“惊呆了”“我一点也不后悔我走了进来”作为标题的前缀，只要理解了这个夸张的逻辑，就可以写出很多类似的标题。

2.2.7 指使式标题

好吧，这个指使并不是要你高高在上地命令消费者。作为一个销售员，如果你认为自己的商品非常适合消费者，可以使用一些“强硬”的语气。

范例：

- 作为一名优秀的女性白领，你要使用它
- 爸爸告诉我，“你不用它就别指望我再跟你说话了”

指使有一个尺度，就是内容要支撑得起标题中的指使，并且内容是亲切友善的，否则这样的标题会惹人反感。

2.2.8 “消费者赚到了”式标题

我们都害怕错过，所以这一类标题可以成立。宣传刀具，可以用这样的标题：立刻带走它，你再也不会因为切不动食材而烦恼。

你是否能感觉到这个标题的诱惑力？它的逻辑是，你早一天买就能早一天享受这个商品带给你的益处。

范例：

- 立即购买这份教程，1 小时学习 6 小时的知识点
- 减肥胶囊，一粒燃脂与跑步 30 分钟相同

2.3 标题里的心理学

广告的核心是把商品销售给需要它的人。这是多么简单的道理，但这个道理就是标题心理学的根基。你要深刻理解，如果消费者对商品有需求，但他们看到了文案标题却没有被吸引，那就说明这个标题并不是那么优秀。

或许因为商品的原因，消费者在观看了广告正文后也没有选择购买，但我想说的是，一个优秀的标题至少能吸引消费者进入到正文。

2.3.1 有认同感的商品效益

撰写商品标题，我们都知道要写出商品的实际效益，但我的建议是：在写商品效益的时候，要让消费者对这个效益产生足够的认同感，也就是我们说的要接地气。

Tips：

比如一个食品广告的标题是“好吃好吃太好吃了”，这种类型的标题实际上并不能体现商品的实际效益，它给人的感受就如同一个小孩不停在地上翻滚，神情痛苦，但他只是大喊大叫，却不说明伤口的位置，你无法感受他的疼痛。但如果他说：“我的脚趾头狠狠地踢在了大理石上”，你就能感受到他的疼痛，这是一个标题获得认同感的逻辑。

“松软却富有嚼劲，整个喉咙都挤满淡淡的牛肉香味”就是一则能让消费者产生认同感的标题，就如上面举的“脚踢大理石”的例子，消费者能通过这个标题感受到这个食物的口感。

2.3.2 有真实性的急迫感

制造急迫感是商家的一种营销策略，他们在销售商品的时候为商品赋予“限时限量”的属性，这个属性传达的信息就是：下手晚了就买不到了。

Tips：

“限时限量”概念在最初的时候肯定不是有意为之，而是一个商品的销量太好，但产能不足导致了供不应求。这种现象被投机分子观察到了，于是就制造了这个概念，并且在销售商品的时候使用它。

现在的商家常常使用“限时限量”的策略，但其实并不是商品真的供不应求。在网上，能看到很多“限时限量”，最开始使用这个概念的商家，应该获得了不错的销售业绩，但当太多商家都开始使用这个概念的时候，其效果便不再显著。这也是为什么我会强调“有真实性的急迫感”。

标题的字数并不能太多，如果要强调有真实性的急迫感，可以选择将限时日期写入标题中。

范例：

- 7.23 ~ 7.25 限时销售，7.26 业务关闭无法购买
- 9月8日老板生日，全场7折，吃完蛋糕后恢复

我们都熟悉的“双11”“双12”等活动，都应用了“有真实性的急迫感”原则。

第3章 从商品文案开始文案之旅

广告人在为商品做广告的时候，都应该把这个商品“吃”掉，然后“消化完”，让这个商品成为自己身体的一部分。只有这个时候，别人才不会对你写的东西有质疑，你也才可以自豪地发挥你的才能——如果需要我给刚开始写商品文案的人提出什么建议的话，这就是。

3.1 商品的本质

拿到一个商品后，第一件事情就是思考这个商品的本质，而不是想创意，否则就是本末倒置。商品具体的功能作用，就是它的本质。

3.1.1 为什么要思考商品本质

我们可以尝试找到房间里的任何一个事物，然后说出它的本质。

范例：

铅笔：一种用来书写或绘画的笔类——书写、绘画即是这只铅笔的本质。

床单：带有花样或图案的盖床的布——盖床即是这块床单的本质。

笔记本电脑：一种小型、可方便携带的个人电脑——便携便是这部笔记本电脑的首要本质。

得出商品的本质后，就可以开始为这件商品构建场景，设想使用人群，开始履行你作为这个商品的“销售员”的职责。

本质这个词，在这本书中会提到很多次。商品的本质、文案的本质和创意的本质都是我们作为一个文案创作者需要深刻理解的。

为什么我们拿到商品的第一件事情是思考它的本质呢？

这个问题并不难回答，在第 1 章中提到过，创作文案的目的是为了销售商品，而不是为展示才华，如果根本不了解商品，那么你可能就只能展示才华了。

Tips：

文案的最终目的不是吸引流量，而是销售商品。充分了解商品的本质，才可能将它们融入文字中去。如果没有思考过商品的本质，是不可能写出具有销售力的文字的。

或许你的文字惊天动地，或许你与设计师一起制作了一张极具创意的海报，或许你做的一切都足够让人赞叹，但如果这一切都与要销售的商品无关，那么你的付出就失去了意义——哇！你创作的内容被一百万人浏览！你一定会有成就感，但遗憾的是大家的焦点可能不是在商品上，而是好看的帅哥美女、惹人发笑的场景或颇具趣味的段子上。如果这些内容没有凸显商品特性，就不能让商品的销量得到提升，一个广告人不应该做这样的事情。

讲到这里，或许你还是有疑虑，你会想：了解商品本质，就一定能写出具有销售力的文字吗?

答案是肯定的，遵循文案的销售逻辑，写出的文案、制作的广告一定可以促进商品销售。

这个销售逻辑在后面的章节中有详细的介绍，在这里先简述一下：消费者要能在文案中找到购买商品的理由。

几乎所有商品的购买理由都源于商品本身，也就是我说的商品本质，对商品本质了解有多深，就能写出多么好的文案。

为一件商品写文案，不论是海报形式或者视频形式，都应该要非常清楚这件商品的优点与特性，并在文案中将这些特性通俗化、简单化，这就是文案创作者要做的事情。

本质是商品最核心的卖点。试想，你想买一个手电筒，但这个手电筒却不能照明，即便这个手电筒上镶嵌了钻石，你会购买它吗?

周星驰电影里的达闻西有一个有趣的发明：没有光绝对不会亮的手电筒。很好笑的一个桥段，怎么会有这么无意义的商品呢? 但现实中我们也会犯这样的错误，我们要高大上，我们要格调，但却遗忘了这件商品本身的功能是什么。

曾经有一个很知名的营销命题：如何把梳子卖给和尚。这个命题难倒了很多人，到最后比较合适的解决方案是：让这些和尚买下梳子，并把梳子作为礼品送给前来上香的香客。

这是典型的跨过本质谈营销，或者说，这个命题本身的营销重点并不是梳子的买卖，而是要将这个营销命题营销出去，但这个营销命题本身是错误的。

为什么要将梳子卖给和尚? 如果了解了梳子的本质，你就不会这样去做。梳子的本质是：一种理顺头发的工具。而和尚没有这种需求。

你会疑虑：把梳子当礼品送给香客也是和尚的需求。但这种需求并不是唯一的，很多商品比梳子更适合当作礼品送给香客。通俗地讲：销售员拿着梳子去寺庙推销，很难找到一个完美的理由说服和尚。

那么，我们应该如何去说服消费者购买你的商品呢？或许应该换一种说法，我们并不是要说服消费者购买商品，而是要找出消费者的潜在需求，然后用你的商品去满足这种需求。

任何商品会存在都是因为有需求，你需要再思考一下，消费者购买商品是因为这个商品满足了他的需求吗？如果你根本就不知道是什么满足了消费者的需求，又如何能说出一个解决需求的答案呢？

商品本质就是解决需求的答案。比如空调的本质是调节空气温度，它可以让消费者常年都处在一个舒适的温度下；美食除了填饱肚子，还可以带来美好的味蕾感受，这就是美食的本质，是消费者热爱美食的理由。所有的商品都是这样的思考逻辑。

理解了商品本质，就能找出可以说服消费者购买商品的理由，广告的目的就是把这些理由用最直接、最通俗、最吸引眼球的方式表现出来。

另外，很多人拿到一个商品的时候，不知道如何去写它，思绪会非常混沌，而商品本质是描述商品的基本步骤。其实不仅限于商品文案，获知本质是写所有文案的通用步骤。获知本质有助于理清思绪。

3.1.2 创意不是无所不能的

为一种白酒做广告，你是不是真的喝了这种白酒，并且细细地品尝了呢？如果没有的话，你和一个路人有什么区别？你不了解这个商品，又如何为这个商品做推广呢？又如何说服消费者购买你的商品呢？当你认识到你所做的一切都是为了销售商品而不是展示创意才华后，你的思绪实际上就被限制到一个框里去了。这个框对于文案创作而言是很重要的，在这个框里思考，不论怎样天马行空，都不会跑偏。

关于创意，我们一定要深刻地理解，它为你的目的服务，这个目的大部分的情况下就是表现商品特性。

Tips：

具有优势的商品特性可以促进销售，所以我们需要用创意来强化它。如果你的创意没有实现这个强化，这个创意是华而不实的。

你一定看过很多很多广告，但又能记住多少呢？在你记住的广告中，你是否知道它销售的是什么商品呢？事实上，很多创意广告的记忆点都不在商品上，它们脱离了商品本质。你记住了广告里的台词与场景，但最重要的商品属性却没有留在你的脑海里。

创意一定要体现商品的卖点。当读者或观众读完一条文案，看完一则广告后，记住了这个商品的优势属性，继而产生消费，这才是创意在广告中的应用目的。

作为一名广告人，你的创意、才华不是万能的，它并不能脱离商品特性而推动商品销售。

3.2　你要像商品设计师一样了解商品

为一款商品写文案的时候，要非常了解它，如果需要，“解剖”它都是可以的。又回到前文的思想了：所有的文案都是基于这款商品本身的属性而得来的。

3.2.1　提出需求并解决需求

需求的逻辑就是：你口渴，我有饮用水；你肚子饿，我有面包；你想打游戏，我有游戏机。

> **Tips：**
> 拿到商品，并清楚地了解了它的特性后，就可以为消费者提炼出很多需求，而这个商品就是用来解决这些需求的。

比如，针对一款主打“冰爽”的汽水，可以写下这样的文案：那个不够冰爽？试试这个。需求是“冰爽”，解决需求的方式是“试试这个”，当然，“这个”指的就是要销售的汽水。

可以把“解决需求”的逻辑用在标题或者软文里，或是视频的广告语中，甚至是企业的宣传语中。

3.2.2 商品的价值

消费者肚子饿，并且身上只有 5 块钱，但是你的商品价格超过了 5 块钱，按照营销逻辑来讲，这个肚子饿的消费者就不是你的目标客户，因为他买不起你的商品；同样的道理，如果消费者想买的是更贵的商品，而你的商品主打廉价，那么就不会得这群消费者的认可。

这里涉及一个价值的概念，所有的企业都应该好好地去理解商品的价值。

> **Tips：**
> 价值更多是由市场决定的，一家企业对商品价值的错误判定可能导致企业的失败。我理解的商品价值是：随着时间推移，一家企业不断推出优秀的商品，累积消费者的口碑与信任，这种“口碑与信任”加上商品本身的价值就是最终的商品价值。

一家新企业，如果没有积累起口碑与信任，其商品价值只能由商品本身带来。想通过广告为商品获得溢价的思想是错误的。广告没有带来“口碑与信任”的能力，广告的本质只是推销商品。

仔细观察市面上的一些高溢价商品，你会发现生产这些商品的企业都拥有较长的历史。

我们熟知的苹果公司，1976 年便已经创立了，该公司推出的手机与电脑都较为昂贵，但人们依然十分推崇。

首先，苹果的产品肯定是存在溢价的，但这种溢价并不让人反感，因为这是一场公平的交易。消费者买到的不仅仅是苹果的产品，还有附加在苹果这个品牌上的其他价值，这个价值就是前文说到的“信任与口碑”。如果一家企业持续性地推出优秀商品，其商品溢价会越来越高。

同时，一个商品的价格是由市场决定的，只能根据市场来为商品定价。

范例：

曾经有一位销售手机皮套的人来咨询，他问我：“我给自己的手机皮套定位为高端人士使用，我应该怎样去销售这些皮套呢？”

我问他：“你的企业创办多久了？”

他说：“一年多。”

我便回复他：“你不要做高端手机皮套了，你的企业根本就没有沉淀，没有创造持续性的‘信任与口碑’，你的手机套用的材料再好，也很难卖出高价，这种定位是错误的。

“还有一点很重要。手机皮套不是很重要的配件，作为手机的附属品，它可有可无。想做高端手机皮套，就要花很长时间去建立手机皮套文化，并让这种文化为大众所熟知，这是个很漫长的过程。你真的都想好了这些事情吗？”

后来，他便打消了制作高端手机皮套的念头，改为销售一些平价的手机皮套。

3.2.3 需求逻辑的衍生

Tips：

需求的逻辑很简单，但需求里面暗含的东西却很复杂，在现实的营销中，我们要保证需求的精准度，宁可将这种需求逻辑放得广泛一些，也不要做出错误的需求逻辑。

有时候消费者需要的是附加在商品上的文化与精神，能不能精准地将符合消费者的文化需求融入商品中，也很重要。

再讲一下“精准需求”的问题。事实上，这个真的非常困难，如果做出了错误的需求定位，会给商品销售带来不好的影响。

一家制造手机的企业绝对不会盲目地为自己的手机定位精准人群，不会在广告词里说：我的产品非常适合有朝气的青年人士使用。手机制造商为手机做销售人群定位的时候，一定是针对所有人来做的，而不是某一部分人。

苹果手机从未把自己的手机定位成高端商品，苹果公司从未说过这样的话。苹果公司在发布新品的时候都会开产品发布会，在发布会上也仅仅是将新品的新功能、新配置一一展示出来，并不会说任何有关使用人群的话。

在这里，要讨论一下锤子手机。在各大电商网站上，这款手机的销售量都不算好，严格来说，这个项目做得不好。

我想很重要的一点就是，他给自己订立的起点太高了。一个商品能不能成功取决于它是否能带来一场公平的交易，在另外一种营销策略里，也可以说是“消费者赚到了”的交易。

范例：

小米刚做第一款手机的时候，主打的是高性价比，并且将这种高性价比描述得十分透彻。小米公司用视频的方式将一款手机解剖开来，与其他的产品做非常直观的对比，然后给出非常诱人的价格。这种销售策略类似于“电视广告”，小米公司将这种需求满足的逻辑具体化，具体到用户可以触碰——你看吧，我们小米手机是这样的，配置是这样的，价格是这样的，你们对比一下。其实小米的潜台词是：你要是不买我的手机，你就是傻瓜。

我倒觉得消费者并不介意“傻瓜”这个词，问题是你要让你的消费者傻得明白。这一句话没有任何歧义，这种“傻得明白”才是真正为消费者、为自己的企业负责。

第一代小米手机可以说缺陷非常多，但它为中国的手机市场带来了一场革命——原来高配置的手机也可以用很低的价格买到。消费者在见惯了高配高价手机后，突然发现市场上出现了这样一个商品，大家的热情度是非常高的，这个市场切入点非常精准。即便它的缺陷真的非常多，消费者依然可以选择原谅。小米在做一款手机的时候，给自己的定位实际是非常低的，这种定位可以理解为：低价的高配置手机。

高于期望值让人欣喜，低于期望值让人失望，可以将这个逻辑用在营销思路里。

我们说一些需求解决的范例：

- 脑白金广告语：送礼只送脑白金

脑白金能火遍大江南北，这则广告语功不可没。在这个广告里，没有介绍任何的脑白金功效，只是用了很简单的解决需求逻辑。

需求是送什么礼物？解决需求的方式是送脑白金。

将这种概念用在切片刀上，你可以这样写：

- 为肉制品切片请使用飞马牌切片刀

需求是为肉制品切片，解决需求的方式是使用飞马牌切片刀。

同样，使用这样的逻辑制作视频广告，在广告中可以不出现任何切片刀属性，但画面中一定要有这把刀利落切肉的样子，也可以给切肉人轻松惬意的脸部一个特写。脑白金的广告里没有出现产品功效，但却出现了满脸笑容的老人，这是一种情感营造的方式。

你只有在非常了解一个商品的情况下，才能做出最适合的推荐。在为商品做宣传策划的时候，最大的忌讳就是去臆想，实际上你并不了解这个商品，但你试图用你极具创造力的头脑来臆想一些东西，这是不行的，我们要避免这样的情况发生。

3.2.4 商品的社会状态

了解一个商品，它的本质是一方面，这个商品目前在社会中的状态也是需要了解的。为什么我一直强调很多时候并不是从书上学习写文案，丰富的生活阅历，对各个人群的心理分析，都会产生很大的影响。去了解不同年龄层人群的心理状态，就能知道一个商品的真正目标人群。

在 20 世纪 50 年代 ~ 70 年代，家里有电视机、自行车便是一件体面事，因为那个时候这些东西少，有时候花钱也买不到，家有电视机，除了可以看节目，还有一些类似于虚荣的东西在里面。而现在电视机非常普及，那么生产电视机的企业就要找准消费人群，找准哪些人还在看电视，并且还要区分出电视与网络视频。

Tips:

针对不同人群的商品都有各自显著的特性，不管是外形上还是功能上，它们都要符合这类消费者的社会状态。我们在写文案的时候，可以刻意地去强调这一点。

户外运动的服装与我们日常上班穿着的服装就有很大区别。因为户外运动时风吹日晒，需要爬山、下河，对服装的防水性、保暖性以及质量都相较于其他服装要高一些。我们要将这类商品的社会状态融入文案中，就需要强调户外爱好者的勇气与坚韧。同样，上班族的社会状态是怎样的呢？把不同人群最真实的状态写到文案中，商品就可以卖得更好。

3.2.5　商家的引导

引导商品销售最开始的都是商家。商家能引导消费者的消费习惯，比如消费者对手机性能的追逐就是商家引导的结果。

Tips：

我们都知道，钻石与玫瑰花都是爱情的象征。其实它们的物理属性与爱情并没有任何关系，钻石是一种石头，玫瑰花只是一种植物。它们之所以与爱情形成联系，除了历史文化的渊源，是来源于商家的引导，这种引导的过程往往是漫长的，但一旦观念深入人心，便很难消除。

比如生产切片刀的企业，可以在每一个广告中都使用广告语："为肉制品切片请使用飞马牌切片刀"。每一个广告中不停地循环这句广告语，久而久之，人们想要购买切片刀的时候，第一时间脑海里就会出现这个品牌。这就是引导的逻辑。

3.2.6　使用严谨的数据

范例：

最具有说服力的永远是数据，你要牢记这个观点。"最受欢迎的手机"

不如“年销售 8000 万台”更让人感同身受，而“年销售 8000 万台”没有“3 个人中就有一个人使用”来得直观。

上面的举例说明数据的使用要遵循便于理解的原则。同时，数据的使用方法还有很多细节需要注意，并且，并不是任何时候使用数据效果都会更好。

关于数据的使用，有一个要点需要注意：列出的数据必须是能够让人直观感受到的。

要形容一个食品的甜味，除非是食品厂内部交流，否则肯定不会使用“糖精度 0.5”这种专业数据，可以用“甜度接近白砂糖”这样的句子。同样的道理，形容一件物品的颜色，如果这个颜色不容易描述，那么可以用类似这个颜色的物品来类比。比如，不同的红色，就可以用花的颜色来类比，玫瑰、月季等的花都可以用来描述颜色，并且这些花人们较为熟知。

之所以需要使用数据，是为了让消费者更轻松地理解产品。在后面的章节中，我会讲到如何让别人信任你的文字，而数据就是获得信任的一种方式。

Tips:

我们可以把文案当成一种说话方式，你去问路，别人告诉你离目的地很近，其实你心里是迷茫的，但如果他告诉你直行 5 分钟即可到达，你心里会立即踏实起来。

3.3 通过一把切片刀来了解创作文案的具体思路

关于商品文案的写作思路，并没有严格的顺序，但写作的方向必须是从商品本质向外拓展，至于是从商品外观开始写，还是从商品功能开始写，则不需要刻意区分。如果一定要有一个顺序，那么可以按照以下的顺序思考。

3.3.1　商品的功能与商品参数

一把切片刀，它的功能与参数如下：新式刀具，相对于老式刀具更为轻巧锋利，适合为肉类切片。

- 刀尖角度：50° 以上
- 刃长：18.5cm
- 厨房刀具类型：切片刀
- 品牌：飞马牌
- 是否开刃：是
- 颜色分类：番茄红　甘蓝紫　青果绿　妖姬蓝
- 材质：400 系列不锈钢
- 刀柄：ABS 塑料

说明：拿到任何一个商品，第一件事情是把这个商品的具体参数写出来，这些参数委托方会提供。尽可能找到相关数据。了解了具体的商品参数，对商品就有了初步的认识，然后开始思考。

比如一台空调参数，当看到适用面积为 13 ~ 20 平方米后，肯定就能知道这是一款室内空调；比如一把菜刀，看到刀柄材质为 ABS 塑料后，思考为什么使用这种材质。

3.3.2　商品的外观

同样功能的商品可能拥有很不一样的外观，可能是时尚的，可能是实用的，也可能是有创意的。

作为一个成熟的文案写手，应该有一双异于常人的眼睛，能够很敏锐地观察到一个产品为什么要做成这个样子，并且初步地理解这个外观带来的益处，也就是这个外观的价值。

一根针，一个烧水壶……拿出任何一件商品，你能否在第一时间知道其外观对于这件商品的提升点在哪里。如果你完全没有这样的意识，说明你对外观的理解还是很浅的。

Tips：

外观决定了你要用什么样的语言格调去描写一个商品。如果是非常时尚的一个商品，那么文字风格也应该要时尚一些。一双给老人穿的老北京布鞋，如果文字里能透出老北京胡同风就非常棒，这样的文笔就能为文案加分。

说明：一个成熟的文案作者就像一台扫描仪，在他熟悉的商品领域，可以在一瞬间精确扫描出这个商品可以用来书写并宣传的要素。即便不是他熟悉的领域，他也可以在最短的时间内了解这个商品，确定文案的写作思路。

要知道商品的外观也是商品性能的一种，比如主打发烧友的数码产品会尝试把外观做得炫酷，而实用派则会朴实一些。外观也是让人产生身份认同感的一种属性。同时，外观也是创意来源之一。

3.4 为你的商品定位

定位是广告业里常常提到的一个词，简单的商品定位实际上指的是：为谁服务？什么场合使用？具体做什么用？商品定位并不复杂，但能影响的东西却很多，商品的整个包装思路都与商品定位有关。

3.4.1　它为谁服务

商品为谁服务？请一定要把这个问题思考透彻。

为谁服务十分重要，它决定广告场景如何设置，广告词如何撰写，销售策略如何制订。

如果商品是针对某种特定的人群，比如学生，包括小学生或大学生，疲惫的男人，包括其精神或者身体。想好商品为谁服务后，在进行广告营销的时候思路就会异常清晰，知道自己所做的一切都是为了自己的目标人群。

在为一件商品定位的时候，要非常理性，这是填空题，不是分析题。这个商品适合谁用就定位给谁，千万不要想得过于复杂。

商品定位就决定了文案怎么写。面对中年妇女与年轻的女学生的思维方式定然是不一样的。现在有很多新颖的网络语，这些语言是属于年轻人的，他们可以理解这些网络语的内涵，而一些不常接触网络的人是没有办法完全理解的，这都说明在服务不同对象的时候你的文字风格一定要显现出差异。

范例：

以切片刀为范例，它的服务对象包括：

- 厨师
- 家庭主妇
- 会自己下厨的人
- 需要送礼物给妈妈的子女
- 对菜刀外观有一定要求的人
- 平日对食材切片操作较多的人
- 家里的刀具太重，想换一把轻便菜刀的人做出了这些定位后，你便可以去思考这些人群具备什么样的特质，他们会喜欢什么样的推销方法。这些思考在你撰写文案的时候十分有益，它能让你不会太天马行空，也能让你选择十分具有针对性的素材。

说明：这些定位都是基于商品本身的属性而做出的。因为拥有较为时尚的外观，才可以定位到那些对菜刀外观有要求的人。对厨师而言，他们使用菜刀非常频繁，所以对于菜刀的质量要求相对于家庭而言更高，如果这把刀想要定位给厨师使用，就需要先考虑一下这把刀的质量是不是符合要求。

Tips：

其实从另一个层面来说，市场反馈是这个世界上最好的定位者。有很多商品开始销售后，市场的反馈与其当初的定位存在差异。比如，某企业本意销售的是一款为老人制作的椅子，但可能因为这个商品的其他特质，却在年轻人中“大火”，这种情况是可能出现的。所以，商品的定位也是根据市场来调整的。

有很多广告，比如一些啤酒广告，如果你将所有的广告场景都设计得非常奢华、有格调，就不一定是完全正确的，具备良好销售力的广告一定是贴近群众的。

在现实中，街边的烧烤摊、火锅店也许是较多人喝啤酒的地方，如果你设计了一个完全错误的场景，当然就没有办法让商品获得好的销售量。

还以啤酒为例，你也应该要明白，同一类商品在不同场合里扮演的角色是不一样的。

要找准服务对象，但精准的定位还是很困难的。我们在为一个商品定位的时候，一定不要脱离现实生活，并且要体现商品的优势。广告中存在生活本来的样子，才能让消费者感同身受。“感同身受”也是这本书里会反复出现的词语。

3.4.2　它在什么场合使用

关于商品的使用场合，我在上一节也提到过，为谁服务与在什么场合使用本质上是一个问题。

比如一款饮料的广告，如果广告中要出现这款饮料的使用场合，那么这个场合对这款饮料而言一定要是最具代表性的。

Tips：

要卖一把锄头，该在场景营造上下多大功夫？其实，也许只需要一块农田与一位农民就可以完成这个广告。

当然，以上这样说也许有些极端，但确实有广告人在为一个商品做广告的时候，使用了错误的场景。下面回归切片刀，切片刀的使用环境：烹饪工作台或厨房。

切片刀的使用场合就是厨房，在这里我用了“烹饪工作台”的说法，实际上用厨房更便于理解。只是有些时候，比如我们在户外烧烤，可能那个简易搭建的砧板并不容易让人联想到厨房，所以我用了这个说法。

如果要做一个切片刀的广告，那么广告里一定要有厨房，至于是什么格调的厨房就要根据商品定位确定，定位高端就可以设置在高级酒店或者装修奢华的厨房里，反之则可以朴素一些。

商品的使用场合，也是一道填空题，按照要求填出来就可以了。最后，不论是服务对象还是使用环境，我们最终的目的其实都是为了找出需求并且满足需求。

前文中也提到过，满足消费者需求的答案都在商品中，我们接下来的工作就是提炼这个产品所有的卖点，把这些卖点当作购买理由告知消费者。

3.5 提炼卖点

卖点对于商品销售而言，是最核心的要点。如果可以迅速找出一个商品的所有卖点，那么一定可以写出好的文案。只要将自己摆在消费者的立场上，便可以很轻松找出一件商品所有的卖点。

3.5.1 提炼商品卖点

关于这款切片刀，我们可以试图为它搜寻几个值得书写的卖点。所以我们可以把商品参数里的刀柄材料、刀身材料和刀柄颜色作为卖点来推广。

1. 刀柄：ABS 塑料

ABS 塑料是五大合成树脂之一，具有抗冲击性、耐热性、耐低温性和耐化学药品性的优点。

2. 刀身：400 系列不锈钢

400 系列不锈钢是一种铁、碳和铬的合金。这种不锈钢具有马氏体结构和铁元素，因此具有正常的磁特性。400 系列不锈钢具有很强的抗高温氧化能力，而且与碳钢相比，其物理特性和机械特性都有进一步的改善。大多数 400 系列不锈钢都可以进行热处理。

3. 颜色分类：番茄红 甘蓝紫 青果绿 妖姬蓝

当然，这也是一个卖点，需要用正确的方式来叙述。

从商品参数中可以提炼的卖点就是以上三点，现在再看看从外观着手能不能提炼出新的卖点。

4. 靠近刀口的凹槽

菜刀一侧靠近刀口的地方有一排椭圆形凹槽，这些凹槽的作用也是一个卖点。

5. 其他卖点

刀柄与刀身一体化，刀柄上的无缝固定钮，等等。

另外，刀的重量是一个非常重要的参数，虽然暂时没有找到这个参数，但根据切片刀的特质，可以将其归入轻便刀具类。

说明：任何对说明商品本质有强化作用的商品属性都可以当作卖点。

3.5.2　告知卖点的具体作用

1. 刀柄：ABS 塑料

这种材质具有抗冲击性、耐热性、耐低温性和耐化学药品性的优点，这种材质的刀柄将具有更长的使用寿命；同时它的耐磨性极佳，切食材的时候，可以有效避免刀具在手中滑动。

2. 刀身：400 系列不锈钢

400 系列不锈钢具有很强的抗高温氧化能力，而且与碳钢相比，其物理特性和机械特性都有进一步的改善，可以进行热处理，是极佳的刀具制作材料。与普通钢材相比，其使用寿命增长150%。

3. 颜色分类：番茄红　甘蓝紫　青果绿　妖姬蓝

有人会把切菜与切肉的刀分开，而现在可以用颜色为这些刀具做区分。另外，还可以赋予这些颜色不同的性格，以此触动消费者的情感。

4. 靠近刀口的凹槽

这些凹槽可以降低刀面与食材的摩擦力，切起菜来更轻松。很多菜刀在使用一段时间后，刀柄会松动甚至脱落，而这种设计将有效避免这种情况。

5. 刀柄上的无缝固定钮

严密贴合，增加舒适度。

Tips：

作为一个文案写手，你的任务就是要把一个真实的商品推荐给你的消费者，所以需要十分了解这个商品。写商品文案的时候，商品是第一位的，创意是最后一位的。在描述卖点的时候，一定要让人看得明明白白，这一点说起来容易，但做起来很困难。

3.5.3 独特卖点加强描述

很多时候，同类商品都会存在雷同现象，因而消费者熟悉的部分不用过分强调，最需要强调的应该是你的商品独有的特性。如果这个卖点只有你的商品有，那么你可以用一整张海报来介绍它。

3.6 为商品卖点构建场景

我们已经找到了这个商品所有的卖点，现在可以结合卖点为它构建场景。构建场景实际上是为这个商品的某一个卖点设计一个可以使用的场合。一辆折叠自行车，它的折叠功能便是可以用来构建场景的卖点，比如可以轻松带上公交车或者地铁，可以在这类场景中突出它的便携功能。

写任何类型的商品文案，场景构建都是非常重要的环节。有一些推销员在推销产品的时候，会有这样的说辞："美女，你戴着这个耳环和你的闺蜜们游玩，太有面子了，她们都会觉得好看的。"他要推销耳环，为耳环描述的场景是和闺蜜游玩。

所有的场景构建都有非常明确的目的，为什么是和闺蜜游玩，不是去登山？不是去上课？因为在构建一个场景的时候，场景中的商品要让消费者有认同感、优越感与自豪感。和闺蜜去逛街，关注点会在耳环上；而你登山，关注点不在耳环上，一双登山鞋会更适合。所以，构建场景最重要的一点是让这个商品出现在最合适的环境中。

如果要销售的是饮料，那么这个饮料适合在什么场合饮用，就是要构建的场景。要注意的是，场景必须与商品息息相关。

Tips：

一款手机很薄，如果我们要为这个“薄”构建一个场景应该如何设计呢？一般有两种办法：一个是体现心理上的归属感、优越感；一个就是这个“薄”带来的便利。

你旋转着超薄手机，轻松惬意，身边的人都惊呆了，特写一些旁观者的惊叹表情，这样就可以突出这个“薄”带来的优越感。

你的手机轻松地放进裤兜，你身后的人心存疑虑：你的裤兜那么小，手机是如何放进去的？你拿出手机朝他微笑。这就是场景设置，可以通过图片或者视频的方式来呈现。

回到切片刀，前面有我们已经提炼出来的卖点，现在来针对这些卖点设置场景。

1. 刀柄刀身一体化场景构建

一把老式菜刀的刀柄脱落了，被丢到了垃圾桶。主人公拿着这款切片刀惬意地切着食材，并自豪地看着垃圾桶内被丢弃的老式菜刀。

厨艺比赛，主人公切起菜来干脆利落，如风卷残云，切片刀一角，赫然显示出了飞马牌品牌，而对面的配角则拿着刀柄松动的菜刀一筹莫展。

2. 突出刀具轻便的场景构建

一位优雅的妇女在厨房从容地为肉制品切片，旁白：非常轻松，一点也不费力。

说明：场景构建必须与商品卖点结合，并且突出商品特性，如果潜在客户看了你的场景却不知道你想表达什么，那么这个场景构建是非常失败的。

场景构建的逻辑必须一目了然。为一个商品写广告，这个广告一定要让消费者第一时间就知道你讲了什么，他能从这个商品中获得什么。不这样做，就会做出让人看不懂的广告。

我们开始便给商品定位了使用人群，那么场景中使用商品的人一定要是我们的定位人群。我们需要让消费者有代入感，让他想象是自己在使用这个商品，并且获得了与主人公一样的商品体验。

为什么要营造一个场景给消费者看，很重要的一个原因就是这个商品会给消费带来一个身份，这个身份是消费者所认同的。不同的商品适合不同的场合，大家谈论起牛排红酒都会联想到比较高雅的场合，这是因为这个商品出现的时候，伴随的场景都是比较高档的，这是外界给它的一个身份。

但事实上，如果你要销售的是一些平价牛排与红酒，便要给这个商品换一种身份认同。红酒有几百上千元的，但也有几十块的，一定要清楚，有些经典红酒已经在市场饱受好评，产生了十分高的溢价，所以才可以有定位高端的营销策略。

如果是一家比较新的红酒企业，红酒的价格也不高，就没有必要按照市面上流行的红酒宣传策略来宣传，找准自己的市场定位才是最重要的。完全可以将你的红酒宣传得平民一些，也就是设计场景的时候，不要总是那么富丽堂皇，完全可以设置在家里，比如普通的朋友聚会——完全可以这样去做。

关于商品的场景构建，可以是图片，也可以是视频，目的都是通过场景让消费者很深刻地了解这个商品在某方面的特质。

3.7 将商品相关情感注入文案

优秀的文案必须拥有精准的情感，要向消费者推销一件商品，干巴巴的语气会错失很多本可以成交的机会。情感的浓烈与否随具体情况而改变，我们需要保证的是情感的精准。

情感是文案的加分项，要记住，情感不是你的情感，而是商品的定位人群的情感，只有精准的情感才能引起更精准的共鸣。

Tips:

如果卖减肥药，那么就需要让身材较为肥肥的人士有共鸣，而不需要让身材正常的人有共鸣。

合适的情感对商品销售起到正面的推动作用，错误的情感运用可能会适得其反。有的时候，我们常常会看到一些比较恶俗的网游广告，但站在一个广告人的角度来看，这种广告不一定是错的。早期玩网游的人在网吧，身边都是谩骂声，空气随着网络音乐与浓厚的劣质香烟味变得虚无撕裂，大家在游戏里呐喊、紧张、疯狂，这些情景如果没有经历过，是很难体会的。这类恶俗广告就是想重新模拟多年前那样的场景，仅从动机而言是没有问题的。

对情怀最好的挖掘就是完完全全地重新复制当时的场景，但人与社会都会改变，这样的策略即便做到完美也可能效果不好。

情感随着时代而改变，感动 80 后的场景可能对于 70 后、90 后的人而言并不会有太大的触动。

所以，在为商品融入情感的时候，要知道最大的消费群体是哪一个年龄层的，然后用符合他们生存年代的场景来触动他们。只有这样，他们才会为你的商品买单。

传统文学，如果价值取向不正确，是没有办法在刊物中发表的，但互联网却没有这样的限制，所以很多人的文字里出现了错误的价值观。我觉得对于商业文字来说，可以写出格一些，但要让读者看到你本质中的正能量。我们还以切片刀来举例：

使用这把刀的人可能是一位家庭主妇，她有一个幸福的家庭，孩子跟老公喜欢吃水煮肉片。那么你可以把这位主妇的情感写入文案中：

他爷俩都喜欢吃水煮肉片，以前用的刀具切肉缓慢，自从换了这款飞马牌切片刀，切起肉来干脆利落，现在做饭都变成了一种享受。

或者他是一位厨师，每天需要处理非常多的食材，这样写：

作为一个厨师，每天要切非常多的食材，一把轻便的刀具是十分重要的。这款切片刀十分符合我的需求。它非常轻，重量大概只有我以前使用的那把刀的二分之一，但锋利度却丝毫不打折。切上一天菜，可比以往轻松多了。

是不是有一种电视销售广告的感觉？其实电视销售广告是最接近营销本质的一种销售方式，这种广告会详细地介绍商品的功能，并且带入情感，最后的购买方式也非常详细，许多销售心理学的知识在电视销售广告里都常常用到。

电视销售广告本身是一种非常有效的营销方式，但谈起它，大家似乎都是满腹怨言，这种怨言也恰恰证明了这种营销方式的效果非常好，很多人都因为这个广告而买了商品。事实上，卖出商品的数量与电视销售广告制作者人员的盈利直接挂钩，所以他们会拼命地夸大商品的效果。这种盲目的夸大是导致大家不喜欢这种广告的原因。如果电视销售广告能做到真实描述，这种广告是非常棒的。

除了商品定位人群的情感，其实还有很多其他的情绪。

- 你家的猫看到你不同的状态也会产生不同的表情，动物也是能够感知人类情绪的。
- 你的朋友看到你的新鞋，露出的震惊表情。
- 眼睛在滴入眼药水后，你的精力突然旺盛起来。

以这款切片刀来说，轻便的刀身让你的手舒服一些，手也是有情感的。

这是一种情感的创意，让商品出现人类的情绪，用以证明商品的某些特性。比如洗衣粉广告，可以让衣服有情绪，这件衣服上印着一只小熊，它不喜欢身上脏兮兮的，所以每当看到这个品牌的洗衣粉，就会非常开心。这种情感往往可以用在母亲或者儿童消费者身上，他们很容易受到这种情感触动，而购买这个产品。

以上是一个情感融入商品带有创意的例子，在实际运用中我们要更灵活与贴切。

3.8　消除消费者的购买疑虑

现在很多商家都会在产品说明中附上一份问题解答，这是一种消除消费者疑虑的做法。同时，如果问题解答讲解得足够清楚，也可以减免一些不必需的售后任务。

3.8.1　消费者可能产生的疑虑

要主动去思考商品可能让消费者产生的疑虑。这种思考疑虑的过程实际上也是推广商品的过程。你可以提出无数个为什么：

- 为什么刀柄要做成这个颜色？
- 为什么手机旁边有 4 个实体按钮？
- 为什么取消了笔记本右侧的 USB 接口？
- 为什么要将这条床单做成三角形？

我们需要站在消费者的立场来提问，或者直接让消费者提问。如果懂得消除疑虑的原则，就能做出一个非常好的商品发布会，商品发布会本质上就是消除消费者疑虑的一个手段。

把展示商品的逻辑转换为消除疑虑的逻辑，商品发布会就会更打动人心。这两种逻辑看似相同，其实不一样，用这两种逻辑做商品展示会，会使用不同的手法。而消除疑虑的逻辑更让人信服，它将让你的商品更容易销售出去。

3.8.2 解决疑虑

在解决疑虑时，可以讲出很多为商品加分的内容。自问自答的文案形式非常有效，并且说服力很强。

解决疑虑需要用直观且可以触碰的方法来进行。如果你的商品比前一代薄，就可以用对比物来向消费者描述，但这种方法不是最贴切的。还记得前文我一直反复提到的商品本质吗？对于一个商品，“薄”的本质是什么呢？更美观？更轻盈？更方便？你要用可以触碰的方法来解决疑虑，这是解决疑虑的逻辑。

商品是供人使用的，所以解决疑虑的原则要与人联系在一起。这是很简单的道理，但是我仍然要单独拿出来讲，因为有很多人没有这样做，从而导致“薄”没有给人强烈的说服感。

Tips：

既然更“薄”，那么同一个人在面对商品的时候，就会有不同的心理反馈，这个反馈才是解决疑虑的说服力。

还有更具碰触感的疑虑解决方法，比如某种改进节省了时间、节省了空间、节省了金钱，或者让你更有面子、更有格调、有好心情。

说明：除了自问自答，也可以收集消费者的反馈，并且解答。

3.9　写明购买方法

其实我们能看到的最完整的广告就是电视销售广告。在电视销售广告里，至少会有一个口才奇好的家伙，用激昂的语调拼命地介绍商品的特性，还会现场测试商品的使用效果。如果商品是拖把，他们会把地板弄脏，然后测试拖把的清污能力。

在广告的最后，他们会用更激昂的语调大声地复述："折扣仅有一小时，不买就是亏！""现在拨打 8888，更有神秘礼物相送！"

我并不是建议大家广告一定要做成这个样子，只是如果你需要了解完整的广告形式，那么这类电视广告可以满足你的需求。

Tips：

广告的目的就是销售商品，根本就不用担心将购买方法写在广告里会影响广告的格调。

现在很多广告已经会在广告的结尾处标注"购买请上 ×× 旗舰店"或者"请到 ×× 实体店购买"。

本章说明：广告从业者作为另一种形式的商品销售员，无时无刻都要谨记自己的目的，任何能帮助商品销售的元素都可以加到广告里。销售是唯一目的，其他只是附加项。

第 4 章 商品文案衍生出的多种文案类型

根据文案载体的不同，文案也演变出了更多的表达方式，在报刊发布的文案与宣传单文案定然是有区别的，导致这种区别的主要原因是不同类型载体文案的阅读人群与阅读习惯的差异性。

4.1 商品软文的写作

软文的应用十分普遍，将商品及其信息与文章巧妙结合，既带给消费者一篇好文章，又宣传了商品。商品软文可以出现在报刊杂志上，也会出现在微信公众号或者微博上。

4.1.1 商品软文的三大类型与写作技巧

商品软文主要有三大类型，分别是疑问类、故事类与警示类。

1. 疑问类

疑问类软文的写作逻辑是作者提出一个问题，然后整篇文章围绕着这个问题循序渐进地将它解释清楚，在解释的过程中商品是一条重要线索。比如：“年赚一千万的秘密。”“三个月不见，他怎么变得这么强壮了？”“他为什么突然变得这么守时了？”

疑问类软文的标题不一定是疑问句，如“从基础到卓越，就是这么简单”这个标题不是一个问句，但依然勾起了人们的好奇心。

此类软文不容易写好，因为非常容易落入俗套。比如，为蚊香品牌写软文，标题是“蚊子消失的秘密”，一般来讲，我们的写作逻辑就是主人公获得这盘蚊香，然后蚊子就消失了。这样写的话，这篇软文也没有问题，只是这个套路太简单了，读者可能看完第一段文字就知道这是一个蚊香广告，可能就不会继续往下看了。

那么我们可以怎么做呢？

范例：

同样是这盘蚊香，我们不要从蚊子消失切入，而可以从蚊香的成分切入，如“你了解蚊香的成分吗？”从成分切入，可以在文章中向消费者普及蚊香知识，告诉他们各个成分的作用以及灭蚊的原理。在讲述某个成分的时候，就可以提出你的商品，如“市面上大多数蚊香的成分为有机磷，而a款蚊香的主要成分为菊酯，这种成分对人类的伤害最低，但灭蚊效果却很好。”a款蚊香就是你要推广的商品。

采用这种写法，这篇软文的可读性、流畅度都很好，而且对商品的优势也描述得十分清楚，具备良好的销售力。

2. 故事类

简而言之，故事类软文就是讲述一个故事，要推广的商品是这个故事中的重要道具。

好的故事是这篇软文能否成功最关键的要素，先不谈论商品与故事融合得是否完美，如果这个故事根本就没有人看，那谈其他的都没有意义。

所以这类软文的写作需要注意的是，首先保证文章故事的可读性，这是前提，当然商品与文章的融合性也十分重要。既要突出商品卖点，又不能影响文章的顺畅，这看起来似乎并不容易。

尽管不容易，但我们依然可以做到，重要的是不要将脑袋限制在死胡同里，没有人规定商品与文章的融合方式，你可以有很多种方法。

范例：

“最清晰的神农架野人照片”

你看这个标题多吸引人，人们十之八九都会点进去一探究竟。文章中讲述了照片的拍摄过程，文章的中间或者最后注明了“所有照片均由 ×× 相机拍摄”。

你一定看出来了，这是一篇有关某相机的软文，通过野人照片的故事生动地体现了相机的优良性能，沿着这个思路可以将整篇文章写得十分完整，不会出现强行融入商品的现象。

3. 警示类

警示类软文如“请注意你身体散发出的这 7 个信号”“你迷恋的味道可能让你提前衰老”“注意这些，避免沦为办公室政治牺牲品”。

这类软文就是通过警示的语气向消费者讲述一些容易被忽略的生活知识，这些知识可能是爱情：“她这样对你说话，你们可能离分手不远了。”友情：“你真的确定你们的友情是真诚的吗？”生活知识：“不要这样开车，它们让你更危险。”

软文所有的内容都可以使用警示类的逻辑来叙述，但是这类软文的尺度并不容易把握，如果过分了就会惹人反感，起不到任何效果。

警示类软文的核心思想是提醒与爱护，而不是说教与指责，一定要注意区分！写警示类软文，应该以分享者的身份来进行，避免居高临下的态度。

4.1.2 商品软文的写作提示

1. 不要将软文写得太软

软文相较于硬广而言，当然会更委婉一些。但这种委婉只是相较于最直接的销售广告而言的，软文依然不是纯粹的文学创作。

我们在报刊杂志以及博客微信上都能看到软文，这类软文往往会先讲一个故事或事件，从中为消费者提出需求，最后在结尾提出自己的商品，解决需求。

满足需求、解决需求是文案写作的一个基本要求，但实际上依然有很多软文是不符合这个要求的。将软文写得越来越软似乎成了软文的一个趋势，写作者会将故事讲得精彩绝伦，而商品只是不经意地提起，有时候不注意看，都很难发现其踪影。

从某方面来说，这类文章是为了报表上的数据而生，商家需要这些数据，他们想知道这篇文章被浏览了多少次，转载了多少次。

对此我想你应该发现了一些问题，作为一篇商品软文，关注点错了。这篇文章或许被浏览了很多次，但它对商品的描述非常非常轻微，文章被浏览的次数并不代表它能让商品销售出去。

所以，我们不应该写太过于“软”的文。一篇好的商品软文，和普通杂文、评论文是不同的，文章中一定要凸显商品的优势与特性，如果没有这一点，这个软文就没有意义。那么我们如何做到这一点呢？

写商品软文的逻辑是围绕着商品来写故事，这样故事可以与商品融合得更好，故事的完整性也能得到保证；错误的方法是先写完故事，再想如何融入商品，这样做的结果是商品与故事可能会产生冲突，并且失去突出商品特性的契机。

应该把商品软文当作一个命题作文来写，比如，要推广一辆品牌为飞狐的自行车，那么可以先给这篇文章起好标题——《飞狐自行车与我的生活》《便捷生活，飞狐自行车为你助力》。等写完了整篇文章，再将标题修改一下，让它变得更具传播性。这是一篇商品软文的基本写作逻辑。

2. 了解软文发布平台的整体文风特点

实际上我们是在寻找不同人群的阅读喜好。报纸、杂志、微博、微信以及其他不同类型的网络社区各自有不同的阅读人群，通常来说，一个人很难在这么多平台上都写出让人喜欢的文字。比如，一个豆瓣红人很难用同样的方式在知乎上走红。

我们作为一个“销售员”，了解不同消费者的喜好，并针对他们的喜好写出不同类型的文字，也是一项十分需要修炼的技能。

文案相对于纯文学，在这种修炼中，会简单得多。

有些平台喜好数据，有些平台喜欢浓郁的情感，有些平台希望树立“阶级”……

总而言之，作为一个文案创作者，需要了解不同发布平台的风格，然后利用这种风格让你的文字变得更具说服力。

在网络时代，有很多靠写文字走红的网络红人，他们拥有大批的粉丝。事实上，他们无形中拥有了一个文案逻辑。

我们可以找出一些靠文字走红的撰稿人，会发现他们写的东西都针对不同的人群，这种针对不见得是他们有意为之，但确实吸引了与他拥有共同思想的人群。当你在一个平台宣传商品的时候，也需要把自己当成这个平台的粉丝中的一员，必须与这个平台的粉丝拥有共同的思想，才可能在这个平台卖出商品。

3. 让你的文字风格与目标用户契合

文案并不千篇一律，尽管促进销售的本质不会发生变化。用自己习惯并且熟悉的方式来写作，会获得最好的效果。

无论散文或者诗歌，可以将你擅长的文体融入文案中。只要牢记文案的本质，可以用任何文体来写作。

只要你不是一个连句子都写不通顺的人，就都具备做好的文案的基础。对于文案创作者而言，文笔是重要的，但绝对不是最重要的。我见过很多文笔稚嫩但销售力十足的文案。

为什么文笔对于文案创作来说不是最重要的？可以举一些简单的例子。

如果你的目的是写一段文案把一件商品卖给5岁的妹妹，你会如何写？从某种意义来说，如果你不知道怎么写，最好的求助对象是你妹妹的幼儿园同学，这些小朋友说的话会给你很大的灵感。

不同年龄段的人群有不同的沟通逻辑，作为文案写手，想要卖东西给不同的人群，去理解这些逻辑是最重要的。如果你是一个青年人，一般很难在一群老人中插上话，因为彼此聊天的方式与话题相当不同。所以，如果要推广老人使用的商品，除了了解商品之外，去了解一下老人的沟通逻辑也是很有必要的。

关于文案的写作方式，肯定不是唯一的，但共同的目的都是为了用最合适的方式将合适的商品卖给合适的人。这种“合适”，在很多时候，比文笔更重要。

4. 对商品软文更深刻的认识

商品软文可以使用任何的体裁，这是商品软文的优势。它可以是一条新闻、一段对话访谈、一个故事、一篇杂文甚至是一篇演讲稿，只要能将商品信息巧妙得当地融入其中，就可以促进商品销售，这就是商品软文的作用。

前文里提到过，不要将软文写得过于“软”，关于这个“软”，需要再解释一下。那些过于“软”的软文，往往将商品信息强行植入，读者看完这篇文章，也不太会注意这件商品。有些软文里的商品信息即便被读者注意到了，他们也不明白这个商品信息出现在这里的意义。这样的商品软文就是不合格的。

合格的商品软文是怎样的呢？比如一条新闻，内容是有人溺水最后获救。这样的一条新闻，可以将商品信息植入其中，如果方法得当并不会让人产生反感。

比如，溺水者获救时穿的裤子是不是对他的获救起到了促进作用？如果有，即便只是顺道一提，人们也会注意到这条裤子。

再比如获救后，这个人用裤兜里的手机给家人打了一个电话。这样的一个小情节便将这台手机的防水性能展现得淋漓尽致。

以上的商品信息并没有影响这则新闻的顺畅度与完整性，又体现了商品的优势，这样的融入才是正确的。

其他体裁软文的写作逻辑也是如此，一篇好的商品软文需要保证以下两点：

- 商品信息没有影响文章的完整性与顺畅度。
- 文章里关于商品的描述体现了商品的优势。

做到这两点，这篇软文就是合格的。

4.2 商品海报

海报是平面化的广告形式，需要在海报上鲜明呈现出表达海报目的的关键性素材。素材的摆放以及文案与受众的融入都决定了海报最终的效果。

4.2.1 海报的类型

海报可分为公益海报、政治海报与商业海报。

- 公益海报：公益海报主要是针对一些较为典型的社会问题，向人们提出警示、发出号召等，从而促进社会的发展和人类的进步。
- 政治海报：传播政治思想，促使大家响应国家号召。
- 商业海报：宣传商业产品，主要目的是为了让消费者购买商品。

4.2.2 海报的写作提示

1. 明确目的

比如，促销活动海报的目的就是让人知道你要举办的活动，大字号的“折扣信息”与“买一送一”便是海报的关键性素材；演出海报则是让人很清楚地知道是什么样的演出，需要有醒目的演出人信息；商品海报的目的就是让人知道商品，因而商品的关键性卖点一定要醒目，能让观看海报的人一眼便获得信息，如果是新品，那么“新品”字样可以作为主标题。

另外，在一张海报里，所有与强化海报目的无关的素材都需要剔除。简而言之：在一张海报里，不要出现任何无用的画面与文字。

在做一张海报之前，可以先把自己的目的写出来，也就是说，要明确你要让看了这张海报的人做什么。记住，你的重点不是让他们看你的海报，而是看完你的海报之后他们会做什么。

为什么我要强调这个观点，因为我见过很多海报，没有给消费者一个购买商品的理由，甚至没有讲清楚这张海报的目的。

比如有一家超市，有商品在打折，你将商品的打折信息清楚明白地写出来，这张海报就是合格的。如果是因为换季，一些过季的衣物需要处理，那么你的海报就可以给消费者这样一个购买的理由。比如你可以这样写：换季衣物，你现在买了它，明年新品还是它。

这是海报的一个逻辑，就是让消费者看完你的海报之后能为自己接下来参与海报里的活动有一个充足的理由。

2. 关键数据一定要交代清楚

什么叫关键数据？可以理解为能吸引消费者为这次活动买单最核心的数据。

如果是折扣活动的海报，具体的折扣方法应详细说明；演出海报，演出曲目、舞台风格以及演出人业内称号都可以在海报里写出；商品的卖点信息，可直接用数据写出。

很多超市在过节的时候，会有折扣活动，这个“折扣”的具体属性要交代清楚，比如到底是几折，最好能够写出优惠了多少金额。

当然，其实有很多超市做活动只是一个噱头，大红大绿的海报十分唬人，但具体的优惠却很小，这样的做法有一定吸引消费者的效果，实际上却会降低以后消费者对活动的参与欲望，得不偿失。

关键数据指的是能吸引消费者参加这个海报活动的关键内容，如果这个内容对消费者参加活动并没有推动作用，那么就不用提，海报的信息太多，反而会让消费者抓不住重点。

如果要推广英语培训班，什么数据是重要的呢？成果数据是重要的，老师的能力也是重要的。教室大小其实没有那么重要，桌子、椅子的质量也没有那么重要。

3. 关键卖点务必醒目

关键卖点可以理解为所推广的商品或项目最吸引人的地方。

如果是要招收学生，就要把培训机构最核心的优势用最醒目的方式表现出来。“七年教学经验，一直深受好评的李老师！”“教学场地宽敞安静，学习氛围极其浓厚”等文字都可以当作卖点醒目表现。如果卖点在业内独一无二，甚至可以用整张海报来强调这个卖点。

如果找不出核心卖点，海报效果必然不会好，也说明这个商品或项目不值得宣传。

我常常说，对于任何一张海报来说，内容都是大于创意的。我们要记住，创意为内容服务，切忌让内容为创意服务，这是一种本末倒置的错误行为。你要记住，消费者要看的是海报里的内容，而不是你的创意。

当然创意依然是重要的，它能辅助并且增强内容的表现。

4. 海报风格与文字一致

海报风格高雅或者通俗都不是评断海报好坏的标准，能否激起消费欲望才是海报成功与否的标准，所以，不需要在创意风格上浪费太多时间。文字与图片保持协调，可以提高观者的阅读体验。关键数据一目了然，便是一张成功的海报。

另外，海报的观看体验一定要非常舒服，太花哨、太复杂都是不正确的海报表现形式。其次，主要内容醒目，切忌让与目的无关的图文影响了消费者的阅读焦点。

4.3 宣传单

宣传单制作的优劣直接影响着宣传的效果。同时，在宣传单这种宣传方式已经非常普遍的情况下，我们要做一些创新。

4.3.1 宣传单的写作格式与类别

宣传单的主要格式为三点：标题、内容与购买方式。宣传单的类别大致如下：

1. 医院宣传单设计

医院的宣传单设计要求稳重大方，安全，健康，给人以和谐、信任的感觉。设计风格要求大众生活化。

2. 药品宣传单设计

药品宣传单设计比较独特，根据消费对象分为：医院用（消费对象为院长、医生和护士等）；药店用（消费对象为店长、导购、在店医生等）。对象不同，设计风格要做相应的调整。

3. 医疗器械宣传单设计

医疗器械宣传单设计一般从商品本身的性能出发，来体现商品的功能和优点，进而向消费者传达商品的信息。

4. 食品宣传单设计

食品宣传单设计要从食品的特点出发，来体现视觉、味觉等特点，诱发消费者的食欲，达到销售目的。

5. IT 企业宣传单设计

IT 企业宣传单设计要求简洁明快并结合 IT 企业的特点，融入高科技的信息，体现 IT 企业的行业特点。

6. 房产宣传单设计

房产宣传单设计一般根据楼盘具体情况做相应设计，如：开盘用，形象宣传用，楼盘特点用等。此类宣传单设计要求体现时尚、前卫、和谐、人文等。

7. 酒店宣传单设计

酒店宣传单设计要求体现舒适、温馨等感觉，在设计时用一些独特的元素来体现酒店的品质。

8. 学校宣传单设计

学校宣传单设计根据用途不同大致分为：形象宣传，招生，毕业留念册等。

9. 服装宣传单设计

服装宣传单设计更注重消费者对服装的档次及视觉、触觉的需要，同时根据服装的类型风格不同，设计风格也不尽相同。

10. 招商宣传单设计

招商宣传单设计主要通过体现招商概念、展现优势来吸引投资者的兴趣。

11. 校庆宣传单设计

校庆宣传单设计要体现喜庆、团圆、美好向上、怀旧的概念。

12. 体育宣传单设计

时尚、动感是这个行业的特点，根据具体项目的不同，表现也略有不同。

13. 公司宣传单设计

公司宣传单设计一般体现公司内部的状况，在设计方面要求比较沉稳。

4.3.2 标题的写作提示

1. 不要让你的宣传单被丢弃

一张被丢弃的宣传单是没有任何意义的。没有办法完全避免你的宣传单被丢弃，但可以尽可能降低被丢弃率。关于被丢弃率，要强调的一点是：如果宣传单被看完再丢，那么它的价值依然存在。

在做宣传单的时候，将日历、车程表、课程表加入其中，加入“介绍朋友购买商品有奖励”的内容，加入一个好玩的纸面游戏，将宣传内容做到纸巾上，扯下纸巾能看到一些商品信息……这也是一些思路，更多的“不让宣传单被丢弃”的创意还可以自己思考。

2. 给消费者一个看完宣传单的理由

这个理由便是主题，整张宣传单都围绕这个主题展开。如果是开餐饮店，那么就需要在宣传单的标题中阐明你的优势。“干净卫生，味道好，送餐快捷”此类的短句都非常适合作为餐饮店宣传单的标题，简洁并且直入人心，路人收到宣传单第一眼看便可以知道这张宣传单的核心是什么。如果是卖房子，那么最显眼的部分必然是房子的优势，这种优势说明直接明了，不需要过多考虑格调。“旁边就是大湖，早上开窗户可以闻到湖水的味道”比“大湖依傍，犹如仙人”这样的句子要好得多。但事实上，我们会陷入误区，喜欢用后面这种看似高大上的句子，但这种高大上并不能让人有直接的心里反馈。仙人是什么？谁也没有见过，你让凡人去体会他们的心思，那是定然无法做到的。但湖水的味道，我们是可以想象出来的。考虑到自己的商品定位，这种理由便可以更加充分。

3. 用直接通俗的语言圆满你的理由

除了足够吸引人的标题，还需要用“证据”来证明标题的真实度。这个证明过程，就是宣传单的内容。

你在标题里写了“最好吃的食物”，那么你需要证明，为何敢称自家的食物是最好吃的。你可以让厨师写下自己的烹饪心得；也可以找一些餐厅的常客，让他们简短说一下来这间店的理由，这些理由都可以写到餐厅宣传单里去。

说明：我们在阐明一件事情的时候，要用通俗直接的语言来描述，不需要复杂有意境的文字。

4.4 电视广告脚本

电视广告脚本，即电视广告文案，是电视广告创意的文字表达，是体现广告主题、塑造广告形象、传播信息内容的语言文字说明，是广告创意（构思）的具体体现，也是摄制电视广告的基础和蓝图。

4.4.1 电视广告的主要表现方式

电视广告就是我们常常看到的广告类别，其主要目的是通过可视的画面来告诉消费者商品的定位与功用。你熟悉了这种广告的主要表现方式，在拿到商品的时候，便可以更快地进入创作状态。

1. 一个完整的故事

关于故事的要素，我们在小学的时候就学过，即：时间、地点、人物。我们讲述一个故事的时候，需要把这些要素交代清楚。想写好故事，首先要学会写故事，这个顺序不可颠倒。在学会写故事前，所谓的格调是不重要的。先学会写故事，然后将商品融入故事。比如，时间可以是下午三点，也可以是秋天的黄昏，如果追求某一种创意，可以写“15 时 3 分 7 秒”或者“时针指向那朵向阳花的位置”，这样写的时候，整个故事都需要与你的文境契合。

故事的讲述方法，也有很多种。可以是妈妈为孩子讲故事，带着浓浓爱意与包容，在讲述中告诉消费者商品信息。

范例：

妈妈说：你刚出生的时候，身体瘦弱，眼睛都睁不开。我就翻过好多山头给你买 ×× 奶粉，你看你现在壮实得像头小牛。

也可以是一个睿智的长辈为后辈讲述。长辈说：你应该使用 ××，它对你很有帮助。

朋友之间的讲述与推荐也很有效果。可以先营造两个朋友之间美好的友情，然后其中之一生病了，朋友买了某种品牌的药，他很快就痊愈了。

在电视广告中，可以讲出很多美丽的故事，真诚地讲故事，别人就会为你的故事买单。

2. 一个生活的片段

一个完整并且与商品定位契合的生活片段是十分吸引人的，它可以很显著地刺激消费欲。

作为一个文案创作者，需要拥有一双善于观察的眼睛，这双眼睛会给你提供无穷的灵感，生活中的很多小细节，都可以成为广告的素材。

范例：

北京的冬天很寒冷，人们在上下班的路上，嘴里呼出大口的哈气。他们需要保暖，但也需要美丽。如果有这样的商品，可以描述一个这样的场景：冬天，上班的白领们，穿着某品牌的衣物或戴着某品牌的帽子，微笑着行走，天空中似乎还射下了一道阳光。一个经历过这种场景的人看到这则广告，便会感同身受，会对你的商品有好感。

程序员们每天花大量的时间在电脑前，这对他们的脊椎是有伤害的。如果你的商品可以让人的脊椎更舒服，那可以描述这样一个场景：一个程序员在电脑前面忙碌，背上的脊椎仪器运转，似乎成了他的一个好伙伴，和他一起维系着他的理想与家庭。你想想看，一个有这样烦恼的程序员看到这则广告，如何不被吸引？他如何能拒绝这样的商品？

我们可以将非常多真实生活中的场景融入商品广告中，但要切忌形式主义。我指的形式主义是：描述了现实中根本不存在的场景，为了某种情怀刻意创造某个场景，这样是不对的。

说明：本质是关键的，比如车锁的本质是安全性，如果车锁是女性使用，那么轻便优雅是它需要体现的东西。

3. 现场演示

小米手机早期的拆机视频，是迄今为止非常好的现场演示广告。在手机行业，小米是第一个吃螃蟹的人，所以其效果可以最大化。在其他的行业，可以效仿小米手机的做法。

做现场演示，首先要知道客户最关心的是什么，或者可能会关心什么。只有明白了这个“关心”，才能把现场演示的广告做好。有时候，你觉得自己已经花费了所有的力气，但客户看了却不闻不问，不是他们冷血无情，而是你给的东西他们并不想要。

比如电脑，如果客户最关心的是显卡性能，那么就需要花 90% 的篇幅来介绍显卡性能。如果客户最关心的是外观，那么也要花 90% 的篇幅来介绍外观。当然，电脑现在非常普及，外观性能兼备的电脑也能买到——这不是问题的关键，我想讲的是：请你务必知道你的客户需要什么。

范例：女包

如果是通勤包，那么我觉得外观是应该放在首位的，这个“我觉得”不一定是正确的，所以如果有条件，可以做个简单的调查，询问上班族们最看重通勤包的哪个要素。

如果是外观，那么就要着重描述通勤包的外观。对女包而言，外观指的就是时尚。它的时尚度很重要，撞色、纹理、流苏……都是女包可以拿来描述的卖点。

说明：对于现场演示广告而言，需要将更大的篇幅放在客户更关心的问题上，但其他的问题仍然需要讲述到。

4. 出人意料的转折

在广告创意中，我们常常用到出人意料的转折。比如切菜比赛，坏人对好人使了手段，心里洋洋得意：他一定切不完这些菜，但好人使用 ×× 牌菜刀，惬意地将菜切完。这则广告可以用来突出 ×× 菜刀的轻便与锋利。

转折的通用逻辑是：A 认为 B 无法做到，但商品 C 让 B 做到了，并且做得十分完美，这样的转折会让商品 C 看起来像根救命稻草。人们是渴望成为英雄的，孩子、女人或者男人都是如此，只是他们心中英雄的模样并不一样。孩子渴望成为超人，成人或许盼望成为贵人。总而言之，我们可以做出很多出人意料的转折来体现商品的重要性。

范例：减肥药

女人对男人说："你瘦得像他一样，我们就可以一起跑步了。"他祈求上天，于是获得了减肥神药。最后男人很瘦，跑起来像一道闪电一样，女人再也追不到他了。

说明：营销是会利用人性的，在付费网游里，策划人员每天的工作就是研究玩家心理，思量着如何才能一步步地使玩家掏出口袋里的钱。

同样，我们研究广告，要将多大的比例放在研究消费者心理上，这也是个问题。

5. 数据控

在电视广告脚本中加入适量的数据，是十分有效的可以促进销售的方法。"油脂量减少 15%""重量降低 7%""温度上升一倍"，这样的数据会比"很多""一些""一点"更让消费者安心，具体的数据会给人信赖感。

说明：不是所有的商品都需要用到数据，因为有些商品本身就是感性的。比如口红，在广告里说这支口红比那支口红的颜色深 7%，这样的描述就非常不好，可以直接用玫瑰与月季来形容两种口红的差异，甚至可以细微到两种花的月份，比如七月玫瑰，八月月季。绝大部分情况下，数据都是有效的，只有在数据不能描述清楚的情况下，才需要用到一些事物类比。

6. 制造概念

概念都是人为创造的，涉及某个具体的商品，也可以制造一些概念。

比如游戏笔记本电脑，事实上它是配置较高的笔记本电脑，玩游戏只是其功能的一部分，将这个人们较为关注的点放大，它就成了游戏笔记本。“通勤包”“旅行包”“越野自行车”都属于制造概念的范畴，这些概念都是基于商品的本质而得来的，基于商品本质制造概念是较安全、较能让人接受的方式。

一条漂亮的裙子，可以称之为少女裙、少妇裙、老人裙，可以基于商品的色调与款式来给出结论。当结论得出后，可以针对结论再给出更深的概念，这个概念从某方面来说与“联想”是重合的。

范例：

比如少女裙，你可以想象在一个秋高气爽的天气里，一位穿着裙子的女孩时而蹦跳，像蝴蝶，时而伫立，像雕塑，最后她抬头挺胸地微笑；然后无数的女孩出现了，她们都穿着这条裙子，挺胸微笑。于是我们便给这条裙子制造了一个概念：穿上它的女孩，都会不由自主地微笑起来，这种微笑本身的吸引力比裙子还要致命。

说明：制造概念的度并不容易掌握，把握不好就容易自说自话，无法引起共鸣。在面对一个商品的时候，我们要把自己想象成商品的真正使用者，用一个使用者的身份来为自己贴标签，这样的标签可以让人感同身受。

7. 一首朗朗上口的广告歌曲

在你的商品广告脚本中加入一首朗朗上口的歌曲，效果会很好。其实比起文字图像，人们更容易记住旋律。同样的一句“你好吗”，说出来并不引人注意，但如果给这三个字添上旋律与节奏，再唱出来，人们就会觉得有趣。而人们乐于分享有趣的东西。

广告歌曲需要有很强的画面感，就是你的消费者在听这首歌的时候，可以联想到他使用这个商品的场景。

8. 重复商品广告语

将一段广告语重复播放，会起到加深记忆的效果。

说明：重复播放的广告语必须可以促进销售，需要把产品信息加入其中。“送礼只送脑白金”比“羊羊羊……”要好得多，同样是让人记住，前者告诉了你问题与解决办法，而后者让你连什么商品都不知道。

这样的广告套路似乎很容易让整个广告显得低俗，但其实如果应用得当，则完全不会。

范例：

比如蚊香广告，可以重复使用：没有蚊子了，没有蚊子了……生活真美好。

比如牙膏广告，可以让不同的人群重复广告语：牙齿白白的，牙齿白白的……

具体应该如何让这些重复的广告语不落入俗套，就需要多去思考了。

9. 消费者的使用反馈

商品使用反馈是非常有效的销售套路。如今网购普及，大众在网络购物的时候，翻看评价往往是第一件要做的事，看完评价后觉得不错才会继续看详细的商品描述。消费者的消费习惯完全是由商家引导的，造成消费者先看评价的习惯的罪魁祸首就是商家，是商家造成了消费者的不信任。

而从另一个角度来评断，便不是信任与否的问题，人类并不擅长自主做决定，多数人在购买商品的时候，会征求别人的意见。

我们可以让不同的人群，用符合他们“政治正确”的语气来描述商品的使用反馈，这样也能吸引不同的人群购买你的商品。

10. 街头采访并解决问题

街头采访也属于消费者使用反馈，较之于网络上的消费者反馈，随机采访更为真实一些。

街头采访事先需要准备问题，问题需要保证客观，在商业行为中的客观，可以不说自己商品的缺陷，但商品的优点需要如实展示。针对一款厚重的游戏笔记本电脑，采访使用者的时候，可以不问他关于重量的问题，而要集中在性能方面。

4.4.2　广告脚本的写作技巧

1. 设置一个有趣的情节

这里的有趣指的是：让商品使用者在使用过程中产生一种类似于“会心一笑”的感觉。一把菜刀能用来轻松利落地切菜，对切菜人而言便是有趣的事，这和看了一部喜剧电影哈哈大笑是不同的。商品的目的是解决问题，我们需要一个可以解决问题的情节。

什么是解决问题的情节？它的逻辑是这样的：遇到了问题，然后这个商品解决了这个问题。

你家里有很多蚊子，这些蚊子穷凶极恶，打扰了你与女神约会的美梦，于是第二天你买了一盒小马牌电蚊香，蚊子躲在角落瑟瑟发抖，你与女神继续约会。

以上就是一个完整的解决问题的商品广告脚本情节。可以为所有商品设计这种有趣的情节。

2. 结合一个当前流行的事件与现象

这种结合不是没有逻辑的结合，需要符合规则。

我们常说炒作，那么炒作究竟是什么？商品有一个卖点十分独特，你要炒作这个独特的卖点，就要指出那些缺失“独特卖点”商品的劣势，便可以从商品的“独特卖点”中建立优势。

我们结合时事推荐商品，一定要找到这件事情与商品之间最紧密的联系，否则效果便会大打折扣。比如伤害皮肤的天气与护肤品，吃不饱的食物与超大份的汉堡……

有一点必须要强调，如果当下的流行事件与你的商品没有什么关联，就不要结合，套用一句广告同行说的话：强硬的结合起不到任何加强效果。

3. 把你的消费者带入你设置的情感

实际上，这种情感是你的消费者的情感，只是他们不一定能意识到自己有这样的情感，你可以将这种情感讲给他听。

卖给老人的鞋子，可以讲情怀，“很多年前，我们就是穿着这双鞋奔跑的”。

卖给中学生的饮料，可以讲篮球、足球或者下课铃响的激动——下课的时候，你们可以拿起饮料畅饮，这样上课的时候精神就会变得更好。当然，具体的情节需要具体考虑。

我只是想告诉你，广告目的是让你的服务对象变得更好。比如饮料，它本质上就是一种解渴消暑的水，剩下的意义都是广告商赋予的。喝水可以让人的精神或者心情变得更好吗？当然是可以的，这是水的功劳，作为一个广告人只是将这种功劳转移到你的商品上来了。

你看，化妆品是让女人变美的，在女人的世界里，变美了就能拥有一切，而实际上变美了并不能拥有一切，这种概念是广告商赋予化妆品的，如果没有这种概念，女人们不一定有那么大的欲望来买这类商品。设置情感就是写出你的消费者使用你的商品产生的情感。

4. 商品使用前后不同面貌的对比

这种对比在广告界一直使用非常频繁，这是十分有效的广告方法。其逻辑就是商品使用前对比商品使用后，往往使用商品后会获得美丽、尊严与好心情。

范例：

洗衣粉广告就喜欢这样，一个妈妈用力地搓衣服，然而污垢还是存在；另一个妈妈用手轻揉，便可以将衣服洗得很干净。你可以为两个妈妈的洗衣环境营造不同的色调，后者比前者明亮，在这样的对比下，便可以无限凸显后者的优势。你也可以将爸爸的感受描述出来，一件衣服洗得不太干净，他皱紧眉头。一袋洗衣粉也可以上升到影响家庭关系的高度，似乎使用了后一种洗衣粉，家庭关系就能变得更好。其实这无关洗衣粉，只是这种对比给了妈妈一种心理胁迫。当然这种心理胁迫的度要把握好，否则会适得其反。

在做对比的时候，要有确切的证据来证明你的对比是正确的，不论是图片还是视频，这种对比一定要能产生真实的心理冲击力，过于弱的对比会起到反作用。

4.4.3　电视广告的写作思考

视频广告也属于电视广告的范畴，它会插播在剧集的前面或者中间。

在早期的电视剧中，往往要出现关键的剧情时，一定会出现广告，确实招人厌烦，但对于广告商而言，也是不得已的举动，如果不这样插播广告，人们真不会去看广告。但其实这也与广告的属性有关，如果电视剧是古装武侠剧，但插播的广告是保健品或者口香糖，它们之间毫无关联，自然让人厌烦。现在有直接将广告植入电视剧的做法，逐渐成为趋势。

主角穿着非常帅气的西装出场，这个时候右下角会出现西装的品牌或者购买链接，这是有代入感的，可以引起观众购买欲。这样的做法似乎会影响电视剧的观看，影响是必然的，但比起直接中断剧情插播一个两分钟的广告还是好些。

针对商品的消费群体，需要将正能量与商品一起打包给你的消费者。不管是一种生活状态还是一个生活片段，需要站在你的消费者的角度来思考，他们会为什么场景感动，会为什么样的情怀冲动，这些是构思电视广告时需要考量的。

对于广告人而言，应该将所有的精力放在广告本身，这件事似乎并不如想象中那么简单。我们不缺创意，缺的是接受创意的环境，在一个框架里创作，你必然会受到限制，但事实上广告是不应该被限制的。

但不管如何，更多的人还没有达到能被限制的程度。我们在做电视广告的时候，仍然需要告诫自己：你所做的一切，是为了卖出商品。

对于一个文案创作者而言，你并不是导演，当你为一个广告撰写脚本的时候，更多镜头方面的事物不需要考虑得太多，这不是你的专长。

你需要保证的是：电视广告脚本是完整的，写作语言是可以被镜头表现的，是可以体现商品特性的。想要表现前面三点，心里就需要更笃定：你的电视广告是可以促进商品销售的。

4.5 演讲稿

演讲稿又叫演说词，是在大会上或其他公开场合发表个人的观点、见解和主张的文稿。演讲稿的优劣直接决定了演讲的成功与失败。

演讲稿像议论文一样论点鲜明、逻辑性强，但它又不是一般的议论文。它是一种带有宣传性和鼓动性的应用文体，经常使用各种修辞手法和艺术手法，具有较强的感染力。

4.5.1　演讲稿的类型

演讲稿有多种类型，大致可分为以下几种。

1. 政治演讲

政治演讲需要开门见山地提出观点与主张。

范例可参考：我有一个梦想——马丁·路德·金

2. 生活演讲

生活演讲通常需要激励人心，给人正能量。

范例可参考：永不疲惫，永不气馁，永不完竭——乔治·布什

3. 产品发布演讲

产品发布演讲主要是围绕产品而展开的演说。

范例可参考：乔布斯产品发布会演讲

关于具体的演讲稿格式，我倒觉得不必拘泥。写一个关于商品的演讲稿或自己做一个演讲，最不需要考虑的是格式，应该将重心放在：我的听众是不是能听懂我说什么？我的演讲是不是对他们有激励？我已经将我的商品清清楚楚地表达给他们了吗？

4.5.2　演讲稿的注意事项

演讲未必都使用演讲稿，不少著名的演讲都是即兴之作，由别人的记录流传开来的。但重要的演讲最好还是事先准备好演讲稿，因为演讲稿至少有两个方面的作用：其一，通过对思路的精心梳理，对材料的精心组织，使演讲内容更加深刻和富有条理；其二，帮助演讲者消除临场紧张、恐惧的心理，增强演讲者的自信心。

演讲稿有几个核心：分享，激励，带来更好的秩序。

这几点核心就是演讲的目的，跟闺蜜或者好朋友分享美味或好玩的事就不是演讲，它不能激励别人，也不能带来更好的秩序。

演讲稿可以以自己为中心，或者以自然发生的事物为中心。它们的区别在于，前者，你的身份与大家在一个起点，你通过努力获得了成绩；而后者，你则拥有比大家更优越的条件，你更多是在分享你的心得。这两种不同中心的演讲稿都会让人感同身受。

比如呼吁大家保护环境，如果你是一个普通人，可以以自己为中心，告诉大家环境的破坏对你造成了什么影响，“我再也没有办法在我家门口的河里游泳了”，这样讲大家会有同感。如果演讲者本身就是名人，拥有大家并不拥有的视角与能力，便可以分享这些知识和视角。

准备一篇演讲稿的时候，要先明确自己的目的，先要告诉自己，这篇演讲稿是为了让听众明白什么。

在你小的时候，爸爸妈妈或许会给你讲故事，这些故事都是有意义的，通过这些故事能让你明白一些道理。当你写一篇演讲稿的时候，也要告诉听众你的道理。

你还需要考虑听众到底是哪些人群，他们是不是真的能从你的演讲里获益。如果你自己本身拥有非常多的财富与资源，总是站在自己的角度来描述问题，那些不拥有这些条件的人根本就没有办法与你产生共鸣。

演讲稿的趣味互动性是很重要的，如果没有互动，那么听众直接看文字就可以了。当然，这种互动并不是一定要与听众不停地对话，而是在讲完一些案例的时候，可以设置提问环节：“如果是你，站在我的角度会如何选择？”在你提出这样的问题的时候，听众与你站在了同一立场上。

4.6 公关新闻稿

公关新闻稿是商家用来发布或者澄清某件事情的文章，需要有公关性与新闻性。

新闻稿发展至今，也变成了一些商家的炒作工具。

4.6.1　务必明确公关目的

通常公关的目的是为了澄清舆论，到底是何种原因造成的舆论以及这种舆论对企业造成的影响都要用简洁的语言讲述。不是所有的舆论都需要澄清，将舆论澄清到何种程度也是在撰写公关稿之前需要考量的。

有些舆论无关痛痒，作为企业，甚至可以推波助澜，推动这个舆论更大范围地传播，以此来提升企业的知名度。

但有些舆论，可能掐住企业的要害，对这样的舆论必须及时并且准确地给出回应，只有这样才能将舆论带来的损失降低到最低。所以，在动笔之前，先明确自己的公关目的。

当然，并非所有的公关稿都是为了澄清。企业为了攻克某块市场，也可以在媒体上发布稿件。公关稿也是一种商业软文。

比如，某企业有一个很适合大学生使用的商品，你要让这个商品被大学生们接受并且购买，便可以结合他们的生活习惯以及惯有思维写一篇商业公关稿。

关于商业公关稿，我找到了一篇范文，大家可以看一下。

中国人吃商务餐忌讳碰到同行，更别提竞争对手，因此一般都要订个包间。大家关上门，再点上一大桌子菜，热热闹闹的几个小时下来，彼此间的交情一下子都好像深了几分。

但是我来美国五年多，还从未进过包间。和美国人一起用餐的时候，也发现他们常常喜欢挑选靠门口的桌子。理由很简单：这样可以看到进进出出的都是什么人。他们喜欢看人，也喜欢被人看。

美国的商界精英们更是把这种看人和被人看的精神发挥到了极致。他们大兴实力午餐，继而又将之延伸到了早餐和晚餐。所谓“实力午餐”就是每个行业里有头有脸的人物每天固定到有数的几家餐馆用餐。共餐对象不仅有生意上的伙伴，也有竞争对手。他们边吃边谈，同时密切关注还有谁在那里用餐，和谁在一起。吃什么并不重要，餐桌上的话题和餐桌上的人才是最重要的。

在纽约，几乎每个行业都有自己的实力餐据点。四季酒店优雅的烧烤屋 (The Grill Room) 是华尔街和实业界巨头钟爱的午餐场所；政界人物一般喜欢在 Lowes Regency 酒店与商界人士共进早餐；而纽约著名的牛排店则是实力晚餐的首选场合，这也是为什么这些店虽然价格不菲却总要提前几周甚至几个月预订才能有座的原因。

吃饭就吃饭，何必要冠以“实力”二字呢？这是因为这些餐桌上的话题通常都有相当大的分量，动辄就是几亿、几十亿美元的并购交易。对于很多中国人而言，这或许有点匪夷所思，因为我们喜欢关着门讨论问题，不论是国事还是家事。但是在美国，很多重要的生意都是在这些公开的餐桌上谈成的。2003 年底华纳唱片公司易手就是买家和卖家在曼哈顿的四季酒店共进午餐时敲定的。据说当时买方和卖方两人低头谈了很久，就连周围就餐的几位商界巨头——包括露华浓公司 (Revlon Inc.) 老板、亿万富翁 Ronald Perelman 和雅诗兰黛 (Estee Lauder) 家族继承人 Ronald S. Lauder 也不时朝他们的餐桌瞥上一眼。几天后就传来了华纳被卖的消息。此外，历史上最大的并购案，价值 1010 亿美元的荷兰银行 (ABN Amro) 三方分拆草案也是去年年初三家收购方总裁和美林的一位投资银行家在日内瓦四季酒店一边喝着葡萄酒一边在午餐桌上拟就的。

“实力”还有另一层意思，那就是到这几家餐馆就餐的大多是有权有势的人物。这些人一般很少带助手，因为这里是他们这个级别的人的起居室，是他们聊天、拉关系、谈生意的地方。虽然谁都可以去，但你如果不了解每张桌上就餐者的背景和相互间的微妙关系，会很难领悟其中的乐趣。有人开玩笑说，这些餐馆就像美国高中里的咖啡厅，最酷的学生总是凑在一起吃东西，而不酷的学生也总想挤上那几张桌子装酷。

我前一阵子就到迈克尔餐厅 (Michael's) 装了一回酷。随意而有艺术气氛的迈克尔餐厅是纽约媒体、娱乐和出版业实力人物经常光顾的午餐场所，一些政界要人，也都到那里用过餐。十几年来，这家餐馆每天中午12点半左右就开始上演精彩的真人秀，剧中人物都扮演他们自己。谁在这里用餐，和谁在一起，谈些什么，都是一些小报和关注媒体业的博客们热衷谈论的话题。有一个很受欢迎的博客专栏就叫“迈克尔的实力午餐”，专门提供这类信息，甚至还附上一份详细的用餐者名单及他们的座位号。

食物好坏可能是光顾迈克尔的客人最不在意的东西。虽然迈克尔的大厨颇有名气，而且菜单上罗列了很多看上去考究而又美味的菜，但那里最受欢迎的一道菜却是简单的COBB沙拉。这道沙拉是很多美国人喜欢的午饭，我也经常吃。里面不外乎生鲜绿菜、白煮蛋、腊肉末和其他一些杂七杂八的东西。老板迈克尔说他们每个月光这款菜就能卖出1200多份。当然迈克尔的沙拉也是要有实力才能常吃的：34美元一份，价钱是一般餐馆的两到四倍。

迈克尔的餐客们最在意的可能是他们坐哪张桌子。这类餐厅里的每张桌子暗中都有级别。就迈克尔来说，近门而又靠墙的桌子是最好的，因为那里最利于看人和被人看。有名的人一般都坐那里，认识的人进来时都得跟你打招呼，同时因为靠墙，它还带有一点私密性。每天餐厅经理们都要为安排哪位大人物坐在哪里而费尽心思，因为这些常客们大都互相认识，有些人相互之间还有宿怨，如果安排不当，很可能造成尴尬场面。

经理们最怕的是在餐馆爆满的时候突然有一位没有预订的大人物不期而至。

我那天坐的是1号桌，靠门口。据和我一起就餐的美国电视艺术与科学院院长兼总裁Peter O. Price先生说，我们那张桌子的级别算比较高的。用他的话说就是“既有私密性，又有曝光度。”意思是，我们不仅有自己的一个角落，而且可以看到每位进来就餐的人。当然，所有的人也都能看到我们。

我们的座位算不上迈克尔级别最高的，但至少离餐厅里最有实力的桌子很近。离我们两张桌子的4号桌坐着多次获得环法自行车大赛冠军的阿姆斯特朗和顶尖电视女主持人Katie Couric。他们旁边的5号桌坐着全国广播公司(NBC)和MTV音乐电视总公司维亚康姆(Viacom)的两位总裁。没过一会儿，哥伦比亚广播公司(CBS)的总裁也走了进来，坐到后面的一张桌子边用午餐。

考虑到这些大人物的实力效应，我想那34美元的沙拉也还算物有所值吧。

这是一篇商务公关稿，为四季酒店、Lowes Regency酒店做了不错的广告，它看起来像一篇杂文，但实际上阐述了为什么这两家酒店东西贵却生意好的原因。文章里提到了露华浓公司(Revlon Inc.)老板、亿万富翁Ronald Perelman和雅诗兰黛(Estee Lauder)家族继承人Ronald S. Lauder，提到了很多大人物。我想这篇文章至少为这两家酒店的物价做了一个解释：为什么我的东西卖得这么贵，因为这些大人物都在这里吃饭，你也可以来。这个挺有意思。

4.6.2 提出切实可行的解决方案

针对舆论，需要提出切实可行的解决方案。这个解决方案要体现诚意，否则这个公关稿是没有意义的。可以收集所有的数据来证明公关说辞，空口白谈是无意义的。

实际上，一次良好的公关行为是对企业形象的一种提升，让外界看到企业的态度，看到企业对消费者、对产品负责的态度。自说自话只会让人产生更多疑惑，甚至彻底失望，这对企业来说，是毁灭性的。

我也拿出一篇范文供大家参考，这篇文章发布于三星Note 7召回以及“自燃”事件后。

尊敬的中国消费者：

对于近期所发生的Note 7召回及燃损事件给大家带来的困扰和担心，

由于我们没有对产品安全性进行细致的说明给大家带来不解，我们向广大消费者表达真诚的歉意。

9 月 1 日起，我们在中国正式销售的国行版 Note 7 是在全球统一的质量标准和品控体系下生产的，采用的是与海外 9 月 2 日宣布召回的产品完全不同的供应商提供的电池产品，同时经过国际和国内的检测认证及第三方独立研究机构的分析，我们可以确保产品的安全性与可靠性。

三星电子非常重视中国市场，从未且永远不会对中国采用双重标准。目前，在海外市场更换的全新 Note 7 产品同样采用了与国行版相同的供应商所提供的电池。迄今全球包括 15 万中国消费者在内的超过 100 万的消费者都在使用。

在 Note 7 正式上市前，为了能让关心与喜爱三星的用户率先体验到我们的新产品，我们通过盖乐世社区等渠道，用以旧换新等方式提供给消费者 1858 台测试体验机。由于测试体验机采用了与美国、韩国市场相同的需要召回的电池，可能存在潜在风险。我们主动向国家有关部门备案后，按照全球统一标准，进行回收更换。目前为止，我们已经收回了绝大部分测试体验机，剩余部分还在持续与用户沟通联络中。

我们高度重视在中国发生的国行版 Note 7 燃损事件，针对每起事件，我们都会在第一时间主动联系用户并获取相关信息。在征得用户许可的前提下，我们联合电池供应商以及第三方权威检测机构对问题产品进行全面检测。目前最初收回的部分问题产品检测结果显示，电池内部并无燃损的迹象。

同时，本着公开公正的原则，我们也委托国内外权威检测机构——中国泰尔试验室（CTTL）以及 Exponent 试验所再次检测。检测结果均显示，烧损的部位并非在电池区域，电池内部也未发现明显破损的痕迹，推定系外部热冲击导致的手机燃损。这一结果与我们初步检测的结果一致。对于我们陆续收到的其他有燃损问题的产品，我们也将本着同样的原则进行相关检测，也将报备政府有关部门并及时公开相关检测结果。

同时，对其他反映 Note 7 手机燃损的消费者朋友，我们诚恳建议：如果您在使用上遇到类似问题，请尽快联系消费者服务热线（400 810 5858），我们会有专人为您解答和处理相关问题。为了进一步打消用户的疑虑，我们也将委托第三方权威机构对问题手机进行详细检测，并将本着公开透明的原则及时公布检测结果。

三星电子将持续坚守“做中国人民喜爱的企业，贡献于中国社会的企业”的承诺，秉持质量和服务第一的信念，为中国消费者带来最佳的产品和体验。

对于给中国消费者带来的困扰与不安，我们再次深表歉意，并真诚地希望大家继续关注三星电子。

中国三星电子

2015 年 9 月 29 日

关于这篇文章，我的评价是：已经将公关事宜做至完美。三星“手机自燃”事件发生后，国内媒体有过很多相关的报道，“手机自燃”这个词也是出于此类报道，在三星的公关稿中，将“自燃”改为“燃损”，显然，他们并不认同“自燃”的说法。

作为一名文案创作者，我们分析一篇文章，不应该站队，我们的队伍就是文案本身。这一篇三星的公关稿可以当作范文使用。

第一段“由于我们没有对产品安全性进行细致的说明给大家带来不解，我们向广大消费者表达真诚的歉意”说明来意。第二段“三星电子非常重视中国市场，从未且永远不会对中国采用双重标准”针对市面的双重标准说法做出解释，并且用“在海外市场更换的全新 Note 7 产品同样采用了与国行版相同的供应商所提供的电池。迄今全球包括 15 万中国消费者在内的超过 100 万的消费者都在使用”为自己的解释做出说明。

第三段、第四段均对此事件做出了详尽解释，第五段给出了解决方案，之后做出承诺。这是一篇很完美的公关稿，几乎无瑕疵可挑。可以仔细阅读两遍这篇公关稿，它格式清晰、目的明确，是非常典型的公关稿。

4.6.3 让你的稿件具备传播价值

关于新闻最简洁的解释是：社会上最新发生的事件。人类对于新鲜事件的钟爱是与生俱来的。让稿件有新闻价值是基于传播角度来考虑的。

如果你的稿件内容让人觉得惊喜或者诧异，那么它便具有了新闻价值。具有商业头脑的人会试图在公开发言里讲出一些惊天言论，我相信他们本质上并非如此高调，这样做的原因是他们考虑到了言论的传播性。如果你的事情没有新闻价值，媒体又怎么会帮你报道呢？当然，你要知道什么事情是对的，什么事情是错的，什么是无关紧要的，这个很重要。如果你的稿件有新闻价值，但会给企业带来负面影响，这样的新闻价值又有什么意义？

公关稿最重要的内容是公关，这是核心，新闻性是附加属性。如果你已经将公关内容完成，那么可以在文中融入一些可以让文字更容易传播的内容，这可以让这篇稿件获得更大的价值。

第5章
文案中如何融入情感

"我每天最幸福的事情，就是坐在靠窗的座位上，她款款而来，微笑着为我端上一杯热咖啡。"

这样的情感就很迷人，它营造了一个美妙的环境，是一个不错的咖啡店广告。

对于文案创作而言，该怎样将合适的情感融入文案之中呢？本章的内容会给你一些启示。

5.1 使用定位明确的情感

你生病的时候为你准备可乐姜茶的舍友，辛辣并且喜欢占小便宜的大妈，躲在混乱的家里打游戏的宅男，把菜板敲的砰砰响的不幸福的主妇，温暖柔情地看着老公的幸福的主妇，叛逆的小孩，威严的上司，满嘴跑火车的大金链子男，温文尔雅的文艺男女青年……

以上的种种形象你都能在现实中看到，要在文字中融入更多的情感，首先需要在脑海中储存不同的人物形象，并且去联想他们在遇到一件事情的时候会产生什么样的举动。

如果你的情感理解是精准的，就一定能打动拥有这种情感的人。可以将这种情感融入商品，再将商品推销给他们。你是一个销售员，要了解销售对象。

我读过很多软文，情感丰沛，但这种情感与商品结合得并不好，这样没有办法卖出商品。我们在描述一个场景的时候，那个场景里的情感与人物一定要是真实的。

在公交站台，常常会有人给你塞小广告，可能是一张宣传单，或者一本小杂志，广告的内容往往都与男科或妇科疾病有关。这种广告方式这么多年都经久不衰证明了其有效性。认真观察，这些小册子里的软文是很精准的，情感运用也十分直接。

小丽与男友交往，但小丽却染上了妇科病，最后在大鹏医院看好了妇科病，他们幸福地生活在一起。

多么直接的逻辑，但凡你的文笔不太差，都可以写出这样的故事，这是一个拥有商业逻辑的故事。

你将小丽变成小明，便可以为一家医院的男科做宣传。

很多时候，情感就是这样运用的，作为一个销售员，给什么样的商家服务，就要明白什么样的情感。

范例：送给母亲的保暖棉鞋

我的老家在湖北武汉，那里的冬天十分阴冷。母亲常常会告诉我，现在的鞋子都不保暖，即便穿了两双厚棉袜脚还是冻得生疼。

所以，我时常会留意市面上的棉鞋，试图为母亲寻找一双真正让脚舒适并且温暖的鞋。后来我在乐福商场看到了 ×× 棉鞋的专卖柜，这种鞋的材料不是棉花，而是一种人造绒，我看到了现场测试，对于温度对比很满意，便为母亲买了两双。

母亲告诉我，这种鞋的保暖效果非常好，好过她之前穿过的任何一双鞋，她很开心，我也很开心。

这段文案是不是让你有一种似曾相识的感觉？你是不是在某个街边杂志或者电视广告上看到过类似的文字或独白，不要否认，这种文字就是融入情感的优秀范例。

这段文字讲述的是子女关爱母亲的一种情感，并且还融入了这种棉鞋的保暖优势。

面对不同的人群，要用真实的感情，才能真正打动人心。有一种情感是“政治正确”的，但事实上它并不是正确的，站在一个很客观的角度来为你的产品加入感情，这才是真实的。抛开脑袋里的“政治正确”，才能写出真正让人感同身受的情感。

小孩可能是调皮的，他在吃饭的时候打破了一个碗，妈妈批评了他，他便开始哭泣。这种场景我们在现实中常常看到，但从来没有人将其写到广告里。为什么呢？因为这个场景是不好的，尽管它是真实的，但它不符合通俗意义上的“政治正确”。在所有的广告中，小孩一定笑的如花一样，大人一定温暖慈祥，他们一起吃饭或者旅游。

子女送给母亲一台手机或者电暖器，我想母亲必然是高兴的。如果你观察得少，会认为母亲接过礼物，与子女拥抱，然后眼角泛泪，但在现实中，很多小细节不是这样的。

我记得曾经去看望外婆，她非常开心，很想拥抱我，但在拥抱之前，她的双手一直在身上蹭。我最开始不明白这样的举动，后来我才意识到，她干农活，担心手不干净，弄脏了我的衣服。想到这里，我心中就很酸楚。如果我要卖一双手套，我一定会把外婆双手蹭衣服的这个细节写进去，以后我看望外婆的时候，她直接把手套脱了就行，不用在身上蹭了。这样你是不是会觉得更真实？

亲情中的矛盾远比想象中的多，我们要展现一段真实的亲情，不仅需要温暖，也有不温暖的一面，但务必是要真实的。

5.2 情感与产品的联系

其实我们在文案里融入情感，也是为了强化对商品本质的说明。

一辆5座的越野车，一家人开着它去郊游。如果这辆车的避震性能非常好，那么家人们在车里就会非常平稳。我们为了表现这种平稳，就可以让他们在车里玩一个与“平衡”有关的游戏，这样既可以体现车的避震性能，又可以让越野车与家庭温暖联系起来。

生活中所有的商品都可以融入情感，只要融入的情感是正确的，就能为这个商品加分。

厨具，常常会与夫妻联系在一起，两个人在厨房和谐地分工做饭，电视广告中常常出现这样的情景。

电脑，其用途无非就是游戏与工作。如果将电脑与玩游戏的人联系在一起，我们可以强调人与游戏场景的互动性，将玩游戏的人的心情与态度表现出来，从侧面体现这款电脑的游戏性能。

当然，就如前文所说的，在商品中融入的情感是要精准的，是要符合实际情况的。

如果你要为一个商品做广告，还是需要了解这个商品到底是什么样的使用状况，然后根据这个实际情况来决定融入哪一种情感。

如果要推广避孕套，我就觉得不太适合融入亲情。母亲给儿子准备？这个有趣，但不是主流。

范例：

儿子热爱运动，但父亲觉得这样会影响学习，他们发生了争执。儿子很难过，几乎与父亲决裂。最后父亲妥协了，他为儿子准备了一双跑鞋。儿子在鞋柜看到它，很开心，他穿着这双跑鞋在大街上奔跑，朝着太阳的方向。

这样的情感牵扯是很普遍的，或许一位父亲看到这个故事，便会为自己的儿子买一双跑鞋。

5.3　将友情融入商品

在你失落的时候，你知道有一个人一直都等着你，他会陪你一起走出苦闷，你开心的时候他也在旁边傻傻地笑。

真正的友情建立在互相了解与尊重的基础上，如果没有这两个先决条件，友情都不是完整与纯粹的。

5.3.1　友情的产生

如果很小的时候你们就是邻居，你们很可能会成为最好的朋友。因为在这个阶段，你们还没有自己笃定的价值观，你们总是一起上学放学，看同样的电视节目，玩同样的游戏，你们受对方影响，同时又影响对方。你们共同的这段经历会使你们对一件事情的看法非常接近，这种接近让你们的友情非常牢固。

如果你成年后认识了新朋友，大概很难产生你与发小的感情。为什么人长大了，却更难交朋友也是这个原因，因为不同的经历导致了你们想法的差异。

但同时，友情的模式也不仅仅是以上两种，有时候很多亲密的关系可能夹杂着崇拜、爱慕与利用。为什么我们要了解这些呢?

因为当你真正地理解了友情，才能更好地将这种情感融入商品里，情感永远是细腻的，太过粗犷的情感没有办法触动人心。

一部青春电影，想要打动人，电影里的人物情感一定是有原型的，而且这种原型不是那种很表面很形式的原型。

在所有的青春电影里，几乎都会出现以下的角色：善良美丽的校花，调皮捣蛋的男孩与他的死党，自私强势的心机女，这种形式似乎已经变得很固定了，现在的编剧也是按照这样的套路来完成剧本。但事实上这是很形式化的青春表现方式，真实青春里的人物比这个要丰富得多。

正在看这段文字的你，你的青春是什么样的?它有可能没有波澜，平平淡淡，但只要这种青春是真实的，就能打动人心。你也可以将你的青春融入商品中。

同时，我们也要避免青春里友情的形式化，因为一旦涉及形式化这个词，就意味着你现在设立的场景已经是无数人在无数的商品中使用过的，你现在才使用它，作用必然有限。

5.3.2 关于友情的其他提示

在很多影视作品中，纯洁的友谊都出现在童年时期，等主人公都长大了，各自追逐自己的理想，时间让那对曾经无话不说的好朋友分道扬镳。但我想真正的朋友是真挚的，他们即便不在同一个行业，不在同一个地方，他们的内心深处，也知道有一个人在遥远的地方，只要自己愿意，就可以去找他。真正的朋友是当你扛不下去的时候，你知道还有那么一个港湾，你可以去停泊。

友情有几个关键词：成全、协助、发自内心的自豪，只有符合这几个关键词的情感才能算真挚的友情。

朋友考试失败了，你带他出去兜风，陪他去吃好吃的，看一部开心的电影，在这些细节中，你协助朋友走出了困境。

朋友失恋，你在酒桌上倾听他的诉说，并且开导他，你让他不再那么难过。

朋友拿到了理想中的工作合约，进入了梦想中的球队，画出了理想的画……当你的朋友获得成绩的时候，你由衷地为他感到高兴，并且祝福他，他也会因为你的祝福而更加开心。

朋友感冒了，你为他买感冒药，或者带他去医院，然后给他买一个精致的保温杯。这个举动就让这个保温杯不仅仅是一个水杯，还变成了友谊的见证。

以上的事情都符合成全、协助、发自内心的自豪这几个关键词，如果你讲述一段故事，但没有以上的关键词，那么就不是友情。

友情是“成全、协助、发自内心的自豪”，我们可以将这些元素融入商品里。

我们可以描述一个与友情有关的故事，在故事中融入商品的特性，如“我最好的朋友考上了理想的大学，我决定送他 ×××，他曾经说那是他的青春。”也可以将情节拉得更长一些，只要故事融入了友情本质，一定可以打动人。

当然，你的商品也会因为这个动人的故事而获得销量。

5.4　爱情是最好的商品销售剂

爱情有很多种解释，冲动理智、肉欲精神，它们都可以笼统地理解为爱情。冲动的爱情最后会回归理性，充满肉欲的情感最终也会发展为精神。同时，这种情感也会在冲动与理智、肉欲与精神之间摇摆，决定它朝哪个方向发展的源头是人的态度与领悟。

5.4.1 爱情文化

每个国家的爱情文化不一样。

在中国销售商品，并且需要在商品中融入爱情文化，那么这个爱情文化一定要是中国的，不能把美国、日本的爱情文化融入销售给中国人的商品中去，因为这样根本不会得到接受。

网络上有一个公众号叫咪蒙，其发表的文章中有很多爱情观点，人们对这些爱情观点评价两极分化，恨者痛批，爱者则反复观看。

咪蒙的粉丝量众多，文章阅读量也十分庞大，这说明其观点是得到很多人赞同的。咪蒙足够聪明，其文章里的观点存在于现实生活中，只是很多人不愿意承认。其实咪蒙只是将存在于现实中的观点讲了出来，并不是其创造的。

我之前说过，一种文化与思想，只要存在于现实中，不管这种思想是美好或丑陋，都会引起一部分人的共鸣。

5.4.2 爱情里的不同形象

爱情会让一个人变成疯子、傻子、超人或者宇宙航天员，它也让人颓废、激昂或者不顾一切。

爱情是纯纯的初恋，初恋中男孩不敢看女孩的脸颊，男孩也可能每天在楼底下遥望，却不敢和女孩说一句话；爱情是情窦初开的少女对着学校里的男神痴痴幻想，最后鼓起勇气走进教室开始写情书；爱情是男朋友精心策划的一次求婚，在求婚的前夜，他激动又惴惴不安，凌晨三点起身去窗台看月亮；爱情是功成名就或者平淡生活的中年男人，为伴侣准备一个惊喜，一条丝巾，或者是一双温暖的鞋。

总而言之，你描绘出的形象实际上就是你的消费者，他可以是一位儒雅的绅士，为心爱的女人准备晚餐；也可以是青春热血的少年，在球场上望向心爱的女孩；或者是加班的程序员、父亲、风风火火的女强人……

你可以描绘出很多形象，只要这个形象是正面积极的，都可以对你的商品销售起到促进作用——如果你的商品定位人群是正确的，那么这些形象都会让消费者带入自己。

5.5　其他的情绪

人类的情绪远不止喜怒哀乐，可以去挖掘这些情绪，然后将某种情绪融入商品，这样可以轻松写出很多带有情感的文案。记住一点，多观察生活，灵感便永不枯竭。

5.5.1　自豪感

即你的消费者用了你的商品会有自豪感。何种情况下才会产生这种情绪？你的商品认同了他的阶级，“程序员专用电脑”这样的标题就可以吸引程序员购买你的商品。“我们为优雅的女人准备了这个”这样的标题也可以吸引女人，如果她优雅或者渴望优雅，因为你满足了她对自身的定位。

一个人做自我介绍，如果他毕业于一所非常好的大学，那么他在讲述这件事的时候一定是充满自豪感的。

5.5.2　归属感

归属感和自豪感不同，归属感更多的是他本身就是这样的一个人，他用了你的商品就像鱼儿应该出现在水里，是宿命。

拥有朋克情怀的少女会对什么样的商品感兴趣？如果你的商品让她有

归属感，她一定会购买。

可以塑造一位典型的朋克少女，然后在这位少女的生活中融入你的商品，一切看起来都很顺畅，这就是一个好的视频广告灵感。

也可以塑造一位典型的居家少妇，她使用你的厨房套具是怎样的一个场景？可以给你定位的居家少妇创造归属感，这种归属感极有可能为你的商品在这一人群中打开销路。

将一种情感与商品结合，本质上是利用了人类的条件反射。将商品与某种情感结合，消费者看到你的商品，便会下意识联想到你融入的情感。比如按摩椅，一个广告中有儿子送给母亲礼物的情节，那么消费者下意识地就会认为这张按摩椅是代表亲情的，如果儿子要送母亲礼物，有非常大的概率会选择这张按摩椅。

第6章
文案心理学

文案心理学实际上也是商业心理学。作为一个用文字销售商品的人，你就要像销售员一样了解你的销售对象，针对不同的人群设定不同的文字基调，这会让你的工作更有效率。此外，当你真的了解你所面对的人群，你会对写出什么样的文案更有底气。文案不是随手往外写的，想让自己的文字具有更强的销售力，那么了解消费者心理是很有必要的。

6.1 请让你的文字获取信任

获取信任是文案心理学非常核心的一个要素，它决定了你讲的内容会不会得到消费者的认同，甚至决定了消费者会不会看完你想展示的内容。如果你一开始就展现了脱离实际的场景，那么你的广告大概会被立刻关掉。

6.1.1 让消费者信任你的商品

在任何时候，信任对于企业而言都非常重要。所以企业如果要发展，就必须做出消费者真正喜欢的商品，否则可能就会死在下一个冬天。

作为一名文案创作者，面对一个商品的时候，也需要保证自己的描述是值得信任的。我在之前说过，让消费者信任你的文字，实际上是要让消费者信任你的商品。

如果你了解“信任”这个词，你会知道，信任不是要做得完美无缺。把话讲得太满不会获得信任，适当地表露自己的缺陷恰恰可以更容易获得信任。

描述一件商品时，如果告诉你的消费者：“我的这件商品是完美无缺的”，我不觉得这是好的表述方式。你可以说：“我们尽心地为您配置适合您的商品，虽然价格并不亲民，但我们认为它物超所值”。这样的表述就很好，坦然地说出自己商品的优缺点，这才是让消费者信任的态度。

信任不是单方的，要想让消费者信任你的商品，首先要将商品的缺陷表露，消费者才能完全信任你对商品优势的描述。

当然，关于信任我最想说的是：不是要去重新创造一个完美的商品，而是把你的商品完整地描述给你的消费者。如果商品真的十全十美，你当然可以用完美来描述。

更多的时候，商品很难完美。比如一台笔记本电脑，它很难拥有完美的外观与强悍的性能，至少现在没有企业可以做出像苹果的笔记本电脑那样薄的游戏笔记本电脑。游戏笔记本电脑如果太薄，散热必然会成问题。事实上，苹果公司从未强调过自己的笔记本电脑的游戏性能。

对于一家主打游戏笔记本电脑的企业，可以正视商品的外观问题，不需要刻意掩饰。如果你有刻意掩饰的心理，出发点就已经错了，可能会在一些没有实际意义的想法上浪费太多时间。

最后的总结：要让消费者信任你的商品，就不要试图去创造一个完美的商品，真实客观的描述可以获取消费者的信任。

6.1.2　使用正确的语言与场景

一则洗衣粉的广告，如果我们将消费群预设为中年妇女，那么这则广告最开始就要讲一些她们爱听的话，并且用她们感到舒服的语气。

而文艺小青年就喜欢文艺的句子，在你的商品上印上一些很有格调的句子，即便这个句子没有那么顺畅，但如果这个句子打动了他，他就会为这个商品买单，甚至于根本就不用介绍这个商品，如果你的商品足够文艺的话。

一个在某种场合使用的商品，为它做广告的时候，就应该让它在相应的场景里出现。人们会对自己熟悉的场景或者语言有更多的信任，因为他们熟悉这样的氛围。要为你的目标用户构建一个他们熟悉的氛围，只有这样，才能更好地展开你的销售策略。

范例：一款以城市上班族为目标消费者的口香糖

洗漱完毕，他穿衣出门，在电梯落下之前，他拿出口袋里的口香糖，放入口中，面露微笑。

地铁上的人群熙熙攘攘，他嚼着口香糖，仿佛世界与他无关。下地铁，在地铁与公司之间的短暂路途中，嘴里的口香糖让他宁静。

重新登上电梯，所有人对他微笑，他也咧着嘴微笑，是口香糖弥漫的淡淡香味让他们微笑。

电脑前的他，开始从容沉思，这是口香糖的力量。

这则广告重现了一名上班族的整个上班过程，并且出现了上班族非常熟悉的场景，在所有的场景中，他的嘴巴里都不停地嚼着口香糖，这个上班族宁静从容，这会让人们将这种从容与口香糖联系在一起，下意识地认为是口香糖带来了这些。

6.1.3 为你的消费者树立良好形象

永远告诉你的消费者，让他们保持美好，为消费者树立良好形象，你的商品也会获得认可。

要记住，扫地机器人不是给懒人用的，他们只是有更值得的事情去做。

不管是用文字还是视频来推销一个商品，其中出现的人物都应该是积极并且正面的，因为消费者会在这些人物中寻找自己的影子。

作为一名推销员，如果在写字楼下面向这里的白领推销商品，第一句话可以这样说：哇，你在这栋楼里工作，我特别喜欢这栋楼的设计；或者：你手上拿的是你画的图吗？太棒了！

树立良好的形象不是去说违心的话，反而一定要真挚，如果消费者的工作环境确实不好，那么你可以赞美他的工作精神。

将这种思想用在文案写作中，要有怎样的觉悟呢？文案里出现的各类人群，将他们描写得上进、有正能量是有用的，他们可能颓废，但不能缺少希望。

Tips：

要卖商品给程序员，他们不是邋遢、不修边幅的宅男形象，他们为了理想而奋斗，或者为了让自己的家庭过上好的生活，应该是个英雄。要为他们树立这样的形象，他们才更容易接受你的商品。

现在每个城市里几乎都有大大小小的健身房，来健身的都是什么人呢？不管这些人是胖还是瘦，可以肯定的是他们都对自己的身材不满意。为健身房做宣传单的时候，可以做一个对比，表现出健身前与健身后的区别。

我们回到“为你的消费者树立良好形象”，你的消费者可能是身形需要改进的人，但你在做宣传单的时候，不要去强调这一点。你的消费者可能是一个大腹便便的父亲，文案可以写：锻炼吧，成为一个身材壮硕的勇士，你的妻儿都会为你骄傲的。你的消费者如果是一个缺乏锻炼的办公室人员，也可以为他们树立一个完美的形象，比如为了美好生活不懈奋斗的战士。当他们看到这样的句子，便会瞬间激起来健身房锻炼的欲望。所有的商品文案都可以用这样的逻辑来写，它能产生良好的销售效果。

6.1.4　控制你与消费者之间的距离感

有些情况下，你将商品都正确描述了，但消费者仍然对你的商品没有太大欲望，这个时候需要想一想是不是你的广告与消费者之间的距离太远或者太近了。

你应该听过欲擒故纵这个词，这个词的解释是：明明非常在意一样东西，却要装作不那么在意，这样做很多时候更能达到目的。

厂商与消费者之间是平等的关系，不需要乞求消费者来购买商品，当然也不要摆出一副高高在上的架势。

前者与后者一样，都会让你的广告不受待见，并且会让整个宣传策略走入误区。

你大概不会将文案写得那么直白，肯定不会将“我求求你”“爱买不买”这样的词写到文案里去，但如果有这样的思想，你一定会表现出来，消费者能察觉到。

记住，不要展现过度的关怀与疏离，根据消费者的不同年龄，你可以适当地加深或降低情感浓度。

6.1.5　减少主观语的使用

何谓主观意见：即是使用了太多的“我觉得”“我认为”这样的前缀

语，因为每个人的人生经历与身体条件都不一样，这导致他们看待事物的观点也会大相径庭，你只需要将商品展现出来，当然，你的想法可以作为参考。

范例：

错误的商品描述：我认为这辆便捷自行车非常适合上班族，它很小巧，可以折叠后带上地铁，下地铁后，你依然可以骑上它。

正确的商品描述：这辆便捷自行车重量为3.5kg，折叠后长度为1.2m，最宽处为47cm。它可以放置于车的后备厢，乘坐地铁时也可以直立于地面，整体大小与一个中小型旅行箱类似。

为什么后面的商品描述要比前面的好呢？其实很多时候，我们还是应该把判断权交给消费者，我们引导消费者，但不替消费者做决定。有时候乘地铁的人会很多，折叠自行车即便再小巧，也会成为一个负担。而且你的决定可能会限制消费者的思想，可能消费者买这个自行车最开始的目的并不是为了带上地铁，你替他做了决定他会思考：这个车的设计是为了通勤吗？

6.2 帮助你的消费者思考

作为一个用文字销售商品的人，你需要为你的消费者思考，并且将这种思考写到你的文字中去，要让消费者切切实实看到你为他们想了什么。他们会感激你的真挚关怀。

6.2.1 先想想消费者需要什么

一个人买一台电脑或者手机，他需要的是什么呢？他买一个杯子是为了喝水吗？在办公室里，人们会使用一个外观时尚或者可爱的杯子，因为他们需要的更多的是这个外观属性。

一名室内设计师，他到一个没有设计概念的人家里去，他会告诉这个人，我觉得你这里应该添置一张椅子，然后那里放一个盆栽，窗帘可以选用蓝色……总而言之，你可以为消费者提出各种意见。但对普通人而言，对你的专业设计术语他们并没有太深的感受，所以你最后的表达应该是告诉他们：这样做可以获得更好的生活。

一个表述范例：

我会在窗台添置一张白色的方桌，桌上会有一束百合花，两个玻璃杯，窗帘选择暗黄色，白天阳光会透过窗帘照进柔光，你在这里静坐看书或玩手机都会十分惬意。

6.2.2　找出消费者害怕担心的东西

我说的是害怕并且担心的东西，你要真的了解你的消费者才能找到。如果你在为一家治疗性病的医院做广告，我觉得你要考虑的就是，你的消费者并不希望自己被人发现在治疗这个疾病。

事实上，医院必然会为消费者保密，但消费者需要你让他们感受到这种保密。

你为某种化妆品做广告写文案，你觉得消费者会担心什么？他们会担心这种化妆品是不是会损坏肌肤，关于这点要着重介绍。一种会损害肌肤的化妆品即便有再好的掩饰效果，也会让人心存顾虑。

支付宝之所以成功，我认为是因为它解决了人们担心的东西。一个人拥有很多钱，他必然希望这个钱能产生更多的价值，但存银行，活期利息不高，存定期又担心要用钱的时候取不出来。而支付宝则灵活得多。

范例：让你不得不醒来的闹钟

离开温暖被窝起床的那一刻就好像世界末日来临一样，但这个铁盒子却能让你瞬间清醒，被它叫醒其实你并没有那么生气。

当你被电击的时候，你就像吃了大力丸一样，瞬间精神百倍。

6.2.3 了解消费者的烦恼与忧愁

“我知道女人到了这个年纪，皮肤不比年轻时候了，但它依然可以让你很美丽。”类似于这样的文字，你可以以过来人或者专家的口吻将一件很符合自然规律，生活中也较为常见的事情讲述出来，在这种讲述中推出商品。

任何一个商品，它的诞生都是为了解决问题，你需要知道这个问题给消费者带来了什么烦恼与忧愁。

比如很常见的青春痘，给很多人带来很多烦恼与困惑。可能因为这个痘痘，没有办法与心爱的女生做朋友，这是件很遗憾的事。你的商品如果可以有效地治疗青春痘，那么可以告诉消费者，他很快就可以很自信地与心爱的女生做朋友了。

了解消费者的烦恼与忧愁不是去揭消费者的短，文案写作的语气应该是朋友、子女、长辈或者爱人的语气。

范例：脸上的痘痘都消失了

一直被脸上的痘痘所困扰，但因为有它，一个月的时间我的脸光洁如镜，我真的不敢相信它的效果如此显著。

6.2.4　为消费者的身体考虑

Tips：

如果你的商品对人的身体有益，那么它会具备很好的竞争力。任何一个商品皆是如此，衣物如果使用了让人更为舒适的材质，那么这个材质可以成为最大的卖点。同样，键盘的敲击手感，热水器的安全性能都是很重要的。

其实现在很多商家都忽略了这一点，就是关于身体的感受，我们买的数码产品以及衣物等，基本上都不会刻意强调这个商品对身体的影响。但事实上，如果强调一下有益的影响，会对商品产生好的销售作用。比如，一款电脑的像素非常高，现在我们会强调这款电脑看着非常舒服，但如果我们再强调的深刻一些，可以这样说：减轻眼部疲劳，长久注视也不会影响视力。如果家长给孩子买电脑，可能就因为这句话，他决定买这个商品。

任何一个商品，从设计之初，就或多或少为人的身体考虑过。作为一名文案创作者，我们有必要将这些点找出来，当然，任何对销售有促进作用的点都需要找出来。

范例：保护你的视力，鱼牌显示器

双重色温，工程师精心调配，白天黑夜呵护你的眼睛。

6.2.5　用带目的性的场景让消费者认同自己的需求

你讲商品的优势数据，但消费者并不知道这些数据是否符合他的需求，你需要做的是让消费者更深刻地认识到：我有这个需求。

比如你的商品是可以折叠的助力电动车，如果站在消费者的角度来思考，就会有很多让人感同身受的写作素材。

我们先来看看折叠电动车的本质是什么，它的本质是：使用电能源驱动，可以折叠的助力车。那么针对这个电动车，我们应该如何帮消费者思考呢？

我们代替消费者问自己一个问题：为什么我需要买这款折叠电动车？答案不是可折叠，也不是电动，最重要的一点是可以节约时间，买了这款折叠电动车，可以晚起床10分钟。电动助力车是可以带上地铁的，也可以带到办公室，去地铁站和下地铁到办公室的路程都可以由这辆电动车代步。把这些场景表现出来，就是代替消费者思考的一个过程。

范例：可以为这款电动车写这样一段话

喧嚣的地铁，手上的折叠助力车让我不那么浮躁，我知道离开这里，我又可以骑着它飞驰了。

6.3 一场公平的交易

6.3.1 商品的价值是什么

商品的价值指的是这件商品被消费者所认可的等值标准。一枝花如果没有附加选项，它的价值就是花本身的价值。但如果它比较稀缺或者被名人所养，它的价值就会高于花本身。明星的签名照可以产生比照片本身更高的价值。一个商品，被认可的价值才是有意义的，不被认可的价值只是一场空谈。

6.3.2　商品的价格是什么？

通俗来说，商品的价格就是用金钱来匹配这件商品的价值，金钱越多证明价值越高，金钱越少证明价值越低。

“金钱多少代表价值高低”是一个不变的定律，你要记住，但凡这个星球上有一个人愿意为这个商品花钱，就证明这件商品是有价值的。但普遍情况下，我们做的是更多的人觉得有价值的商品。

6.3.3　价值与价格的联系

消费者永远希望交易是公平的，这个公平与价格无关，与价值有关。我们在为商品做描述的时候，一定是写价值，不写价格。单方面地告诉消费者商品价格很低，会让消费者产生错觉：你的商品就值这么多钱，他不会再为你的商品多花钱了。

“南方最好的棉花做成的被子，睡起来又舒服又暖和，做工很好，可以用很久的，我爷爷他们用了那么多年还是松软的呢。”这句话里说出了被子的价值，所以可以适当抬高价格。要时刻记住，我们需要的是一场公平的交易。

当然，在商业社会，公平不是绝对的，当供大于求，这件商品就很难卖出好的价格；反之，如果这件商品供不应求，价格自然就高。当供应与需求不对等的时候，商业行为似乎变得不公平了，但实际上这依然是一场公平的交易。在商业社会里，只要不是在胁迫下产生的交易，都是公平的。

在前文，我强调过一个观点：企业持续地生产具有优良口碑的商品，那么后续商品就会获得溢价。这种溢价也随着企业的发展而获得提高。一家百年企业，如果一直获得优良口碑，其商品溢价是惊人的，并且没有消费者认为这种溢价是不公平的。

6.4 我们都害怕错过机会

害怕错过机会是人的本能。最古老的人类，如果放弃了最后的猎物或者水源就会死亡，在现代，如果我们错过机会，就可能失去工作与爱情。

6.4.1 最后的时间

在很多电视广告里，我们都能看到“最后1小时”“抢到就是赚到”“你会成为这个幸运儿”等说法，这样的文字出现很久了，人们刚开始有广告意识的时候，就会写这样的文字，它抓住了人们害怕错过机会的心理。

什么叫最后的时间，字面理解就是过了这个时间就买不到这个商品了，或者过了这个时间商品的价格会更高。

为什么会有这样的营销方式呢？一件商品本来卖100元，商家给了它一个限时定价80元，限时过后恢复100元，这个策略的重点在于限时。限时才能体现这个商品价格的特殊性，如果不限定时间，消费者可能并不会及时购买。

在网络上，一个商品刚上架时，往往会采取限时定价的策略。这个策略结束恢复原价后，商品的销量已经上去了，因为有了一定的销量数据，消费者也会认可这个商品的价值。

6.4.2 独有的人群

人们渴望与众不同，渴望比别人优越，比别人有品位，比别人聪明。

我们从小就有意无意地接受关于机会的教育。大人在你很小的时候，常会说起：我错过某个机会。名人的演讲里也有无数关于机会的句子，大概是：聪明人抓住机会。这样无形的熏陶多了，你的潜意识里就认为机会是个可遇不可求的东西。所以，我们把机会加到商品里来，是一种文案中的销售逻辑。

但这种销售逻辑，不是任何一种商品都可以使用的。你制造了别人没有的商品，你可以说“我们是独一无二的，你想成为最先使用这件商品的人吗？”你拥有比别人更低的价格，你可以说：“这是最低的，可以帮你省一些钱。”如果你的商品符合这种逻辑，你可以用这种思想去写文字，会很有吸引力。

机会对每个人来说都是平等的，如果你能在这种平等中加入一些不平等，比如：会员可享受优先权，这样也可以加深紧迫感。

6.5 让消费者拥有参与感

如果你不知道应该如何营销，就让消费者来启迪，让消费者参与进来，你可以更轻松地做一件有成效的事情。一家企业能不能成功，消费者的参与感非常重要。

我非常崇尚小米公司的营销模式，并且其每一次的商品文案我也认为是可以拿来当作文案案例使用的。小米公司做产品是非常强调消费者参与感的，这是它得以成功的很重要的一个原因。

小米公司联合创始人黎万强写过一本书，叫《参与感》。事实上我没有看完这本书，我在收集与参与感有关的资料时，发现了这本书，简单看了一下目录与简介，并且看了与此书相关的书评，我认为这是一本好书，黎万强太懂营销了。

作为一名文案创作者，你肯定没有办法像黎万强那样，做调研，与消费者互动，整理消费者需求。你只是一个写文字的人。

你可以做到的是将参与感融入你的文字，这是一名文案创作者对参与感最好的理解。那么如何写有参与感的文案？很重要的一点是把自己当作一名消费者。

按照我的想法，中国的手机评测视频是从小米公司开始的，小米公司为中国的手机行业做了非常大的贡献，这家公司改变的绝不仅仅是手机的价格，它创造了参与感——至少在中国，在小米公司之前，没有任何一家公司拥有这种参与感。

我看过小米公司最早的手机评测视频，那个视频完全是以一个消费者的角度来制作的，这种强调参与感的评测在之前从未有过。我当时心想，这家公司必然成功，事实上也是如此。并且我仍然十分看好小米公司后续的发展。

有参与感的文案，用“我”或者“我们”开头，具体的写作思想就像你领着一群朋友在参观一样。比如你要介绍手机，你就像一个非常懂手机的学长为自己的学妹学弟介绍一样：

“我们看看这个摄像头，像素是2000万，我们在黑暗里拍摄，我们在太阳下拍摄，我们抖动……”你可以引导你的消费者与你一起参与这个评测，这样大家会很有参与感，在这种参与过程中，消费者会十分了解这个商品具体的优势。参与感的重要性还涉及一个很重要的点，这个点也是很重要的文案知识：消费者要看到结果，而不是看到数据，你告诉消费者摄像头的像素是2000万，他不会明白得很深刻，你直接拿着手机在不同的场合拍摄照片，让他们看到照片的具体效果才是正确的做法。

这就是参与感的逻辑。

6.6 合理的购买理由

作为一名文案创作者，需要站在消费者的角度来思考问题，需要帮助消费者找到一个合理的购买理由，这可以帮助你销售商品。

简单的理由就是：消费者感觉到冷，你告诉他需要添加一件衣服来保暖。你的商品非常好、非常棒，但你的消费者不太需要这件商品，那么这些好对于他而言是没有任何意义的。

消费者会购买自己不需要的商品吗？让我来回答的话我会说，是的，消费者常常这样做。对于商家而言，它们不会光明正大地鼓励消费者购买一个自己根本用不着的东西，但事实上却可以创造氛围，即便消费者不需要这件商品，也依然会因为这个氛围而购买。

很多在街边上卖商品的商贩，他们会雇佣一些人围观，于是人们便围拢起来，最后这个商品卖了很多。在当时那种氛围，购买商品的一些人可能并没有思考自己是否需要这个商品，他只是认为自己参与了这样的氛围。

这个氛围就成了合理的购买理由。我举这个例子是为了阐明一个思想：不要把购买理由局限在商品的卖点上，这样你会失去更多新颖的想法。

我们常常会看到一些广告词："女人要对自己好一些。""女人一定要漂亮！"……其实这些词就是女性用品厂商为女性找的购买理由，认真思考，这些理由其实是站不住脚的，但我想它是有效果的，因为很多时候，合理不合理不重要，有理由才重要。

商家为了创造购买理由，附会了很多节日。外国情人节、中国情人节、光棍节等，就是为了购买合理化。对于广告人而言，我们需要更深刻地理解"合理"这个词。

6.7　一些转瞬即逝的潮流

潮流也就是我们俗称的热点。如果你是一家厂商的网络推广人员，那么应该时刻关注可以与你的商品结合的热点。一旦它们出现了，就可以为你的网络推广做些什么：写一篇文章或者做一张海报。

比如，现在有一部电视剧大火，那么其中的服装饰品都会成为大热的商品，如果你卖的东西能跟这些大热商品有点儿联系，那么销量会得到很大幅度的提升。

“赵丽颖同款发卡”“吴亦凡同款手环”……如果最近这两个明星有大热的剧集，这样的商品会有很可观的销量，粉丝的力量是非常强大的。

另外还有一种潮流，叫时事，即时下发生的事。

最近得某一种病的人非常多，新闻上常常报道，如果你的商品对预防这种疾病有功效，那么赶紧就此卖点宣传吧，一刻也不要拖延。

6.8 通俗易懂永远是文案的真谛

将一个复杂的东西讲得越简单越好，如果你能用一句话将一件事情讲清楚，就不要用两句话，多一个字都不需要。

6.8.1 请使用最简单直接的逻辑

一个好的创意对于一则广告是有增强效果的，文案创作者作为用文字销售商品的销售员，需要保证其创意拥有最简单直接的逻辑。

“肚子饿——吃包子——饱了”这就是最简单直接的逻辑，不需要跋山涉水，看星星月亮，也不用体验仙人的生活。如果只专注于创意而不注重商品的本质，你就会忽略这种简单逻辑。消费者会在意你的广告多有格调吗？其实并不，他们在意的是你的商品到底能为他们解决什么问题。

消费者想拥有一款轻便并且电池耐用的笔记本电脑，如果你的商品就是这样的，直接告诉你的消费者就可以了。他知道你的商品能解决他的问题，便会购买你的商品。创意只是为了加深消费者对商品特性的认识。所以，在写文案的时候，请使用最简单直接的逻辑。

范例——几个拥有直接逻辑的标题：

- 好吃不限量 红牌自助餐
- 尽显华贵气质 sdi 丝绒长裙
- 晨跑专用跑鞋 飞鹰十年专项打造

6.8.2　直接给出结果

你的商品可以预防桌子变脏，那么直接让消费者看到一张干净的桌子，至于你的商品是怎样预防桌子变脏的，可以不用写在广告里。在这里必须要说，如果你的广告很长，写出来也不会给广告减分，但如果没有那么长，就直接给一张干净的桌子即可。当然，桌子上要有你的商品。

为什么直接给出结果是有效的营销手段？从某方面来说，每个人都是懒惰的。一个人脸上有痘痘，你的商品可以治疗，只要给出两张商品使用前后的对比图，就能给消费者很大的冲击力。你不需要告诉消费者他会从哪一阶段蜕变到哪一个阶段，你可以直接跳到最后一个阶段。

关于具体使用方法与蜕变过程，可以在商品说明书里详细写出，但在广告中不需要这样做。

范例——几条直接给出结果的标题：

- 白狐拖把 轻松洁净整个家
- 面对面英语学校 9 个月托福轻松过
- 火狼笔记本电脑 通杀所有大型游戏

6.9 人与社会的关系

你的商品可以让消费者在自己的社会圈有归属感，这是这类文案的逻辑。人是社会动物，几乎没有人可以逃脱这个社会去独自生活，除非变成一个野人。

记得很小的时候，所有的小孩都喜欢玩四驱车玩具，那个时候，拥有一辆四驱车不仅仅是因为这个车好玩，更多的是因为拥有了这辆车，你会在你的那个社会圈里有归属感。要是没有一辆四驱车，你似乎都没有办法与同学朋友玩到一起去。

当你为一个商品写文案做广告的时候，将这层逻辑融入进去，就会想到更多有趣并且接近生活的场景。

在成年人的社会里，有一些商品代表了身份与地位。售价昂贵的手机与香烟似乎可以代表一个人的身价，带有某种标识的服装可以代表一个人的品位，你用某种香味的香水就变成什么样的人。这种概念是商家有意为之，为的是让消费者在自己的社会圈里有归属感。

比如：穿着你的企业生产的衣服的孩子们，变得阳光朝气，受人喜欢；使用你的电脑的白领们，变得笃定沉稳，获得了前辈的赞扬；穿着你的企业生产的球鞋的球员们，变得更灵活，获得了观众的掌声；歌手使用你的企业生产的话筒，唱出了更动人的歌……

范例：飞人篮球培训中心

我十分热爱篮球，每天都会去公园的篮球场打上两个小时，可是技术不佳，没有伙伴愿意与我组队，甚至我最好的朋友都嫌弃我技术粗糙，不愿意带我上场。

去年七月，我去飞人篮球培训中心学习了半年，技术突飞猛进。重回篮球场，我变得十分抢手，朋友甚至不许我与别人组队。

原来他也害怕输呢！

6.10　带来更好的生活

任何一个商品，都是为了带来更好的生活，这是商品的本质。香皂、洗发水、衣服、帽子……人的生活越好，对商品的要求也将越多样化。

很早的时候，衣服只是单纯为了御寒，如果是夏天，那些远古人类甚至可以不穿衣服。但现在不一样，我们推荐一件衣服，除了那些在严寒天气里穿的御寒服，其他衣服肯定不会强调它的御寒能力，更多时候，人们更在意衣服的舒适度、时尚度，实际上衣服的本质已经随着时间的推移发生了变化。很多商品都是如此，使用电脑不仅仅是为了工作，还可能为了一种优越感。

更好的生活着重点在于“更好”二字，在使用了你的商品之后，消费者的生活变得更加美好了，我们要将这种好讲述出来。一款新式的相机，它有一些老式相机不具备的功能，在这里我们的重点不是在新功能上，而是在使用新功能后，消费者拥有了更好的生活。

我们用文字推销商品的时候，可以把使用一种商品的心情融入文字中去。“哇哦，真的太棒了，我的天！”“我感觉我的胃已经……太舒服了”“这个很轻便，我第一次见这样的东西，哇，真的厉害！”这样的文字其实就是有感情的文字，消费者在这样的文字里就能看到更好的生活。如果你为一款菜刀写一段文案，可以写：在使用这把刀之前，我以为刀都是一样的，但使用了它，我开始改变自己的想法。这段简单的文字同时使用了“更好的生活”与“悬念”两种文案逻辑。

范例：刀锋牌菜刀

轻便锋利，可以十分轻松地将蔬菜切片切丝。

6.11 即使有一丝希望，消费者也不愿错过

人类因为希望而活着。如果我告诉你，有一座山头，你一直往里挖，就可以获得一大笔财富。我相信有人会这样做。当然，我们不需要挖山头。

现代护肤品广告都会请一些皮肤好的人来出镜，实际上一个人的皮肤好坏有很多因素，护肤品只是其中的一个环节，这些皮肤好的人只是给了人一个希望，告诉消费者：你的皮肤也可能变得这么好。

帮助小孩学习的学习机，可以做这样一个广告：律师、医生、翻译员、程序员、老师轮番出镜，他们都给自己的小孩买了这款学习机，实际上谁都知道一个小孩能不能拥有更好的生活，学习机并不能决定，只是这些职业人士的出镜给予了希望。

爱情、事业都是希望里的主角，你可以将“更好的爱情、事业”融入你的文案，这就是将希望融入文案的逻辑。

前面讲的是“带来更好的生活”，它和“希望”是不一样的。“更好的生活”是消费者拿到商品就可以实现或者说我们确定广告里的生活会发生，而“希望”则偏向于对于未来的想象。

你要销售一张教人唱歌的CD，消费者在拿到这张CD后，立刻就可以按照CD里的学习方法学习，然后他的朋友会对他的进步感到惊讶或者嫉妒，这是更好的生活；而“希望”则是这张CD里出现的歌星，他已经可以为大家带来动听悦耳的歌曲了，你便会“希望”成为这个人。

我们可以为消费者塑造希望，而且这种希望对于商品的销售是非常有益的。

范例——给人希望的标题：

- 坚持三个月 拥有和他一样的好身材
- 大宝调味剂 你也可以成为最好的厨师
- 头发轻柔顺滑 自信得像个公主

第 7 章

把创意装进你的脑袋

创意是广告的一部分，但所有的创意都不能脱离广告本质，创意要为商品销售服务。如果创意脱离了这个初衷，那么其意义不大。

我们常说，不要为了创意而创意，即不能单纯为了广告看起来高大上或者所谓的“格调”去创意，这样会陷入一个死胡同。

7.1 为什么我们需要创意

文案，没有创意，依然是文案，依然可以成为很好的文案。但如果一条文案不具备销售力，再好的创意也不能使其被称为一条合格的文案。

关于创意，我们可以理解为达成目的的方式。通俗地说：我们要追求一个女孩，追到女孩是我们的目的，为了达成目的，我们采取的各种异于常规的做法就是创意。请注意，创意是解决方法，任何一个创意都是需要解决问题的。

文案的本质是直入人心、充满销售力的文字，所以需要一些新奇的手法来让你的文字更直入人心，更加充满销售力，这就是创意的意义。

作为一个文案创作者，我们需要探寻本质的好奇心。做广告、写文案，我们总是会试图想出一些有趣的创意，但其实比这个更重要的是：创意到底是什么？

创意当然并不仅仅是一个商业词汇，在生活中我们随时都可以用到创意。你想让家人给你买一个东西，直说可能会被拒绝，如果运用一些特殊的方法来讲述你的要求，或许就会被接受，这个有意思的方法就是你的创意；你要做一个自我介绍，为了突出自己的特点，也可以使用一些有趣的介绍方法，比如拿一些展示板或者唱一首难听的歌，我想别人记不住你的名字，也会记住那个唱歌很难听的家伙。

任何异于常规的做法，我们都可以理解为是一个创意。还有其他的例子，比如画画，别人都用笔，而你用泥巴甚至羽毛来作画，这也是一种创意行为。

在生活中，创意或许是漫无目的的，但在商业文案中，创意必须带有非常明确的目的。

创作文案的目的是为了销售商品，而创意的目的是为了更好达成文案的目的。我常常会强调一个观点：不能为了创意而创意。这句话如何理解？

我们要写一个故事的脚本或者做一副有趣的平面图，首先要保证所做的这一切是为了销售商品，这是创意的前提。当你为了创意而创意的时候，就会忽略这个前提。

当你在思考一个创意的时候，比如你使用一个夸张的手法，你的目的是为了表现这个商品的卖点，这个夸张要让人感同身受，人们能通过这个夸张感受到商品的优势，从而达到销售商品的作用。

7.2　一个创意的形成步骤

创意不是漫无目的地想，而是要怀着强烈的目的去思考，用一些夸张的、有趣的方式来表现你要表达的东西。我们不应该给商品创意限定一个死的套路，它的原则是：但凡你的创意能够促进商品销售，它就是好的创意。

创意永无止境，不同时代会流行不同的创意思路，以下是现今通用的创意步骤与思路，当然，这个步骤与思路并没有任何一个人写出来过，我相信你在这里第一次看到这些。

7.2.1　明确你的目的

商业创意是目的性非常明确的一种行为，我们需要用一种复杂的描述方法去描述一个简单的逻辑。

你要销售一个商品，需要表现这个商品某个性能的特点，或者你要给这个商品制造一些消费者归属感，你便可以用一些异于常规的手法来呈现。在商业广告里，创意要遵循一个准则，你可以天马行空，但你最终表现的逻辑必须非常简单直接。通俗地讲，消费者要第一时间知道你的广告表达的是什么。有很多有趣的创意，但消费者可能需要别人来告诉他，他才能知道这个广告讲的是什么，或许说这个广告的创意点十分隐蔽，需要仔细观察才能找到。如果消费者观看一则广告，还需要保持找碴一样的专注度的话，我觉得这个这个广告太过于清高了。对于一个广告人而言，需要把自己要表达的目的放在第一位，而创意为目的服务。

最开始写一条文案或者做一个广告的时候，一定要去想：观众看完我的内容能清楚地明白这么做的目的并且采取行动。一般而言，一个完整优秀的广告包含了“介绍产品，消费者获得好的生活，简单购买”这三个要素。我再次强调，创意是用异于常规的方法去讲述一个简单的逻辑。

比如商品的性能是这个商品的卖点，那么就要详细地提炼出这个商品性能的具体优势，它相比其他同类商品到底强在哪里？达成这个目的有很多个角度：

- 突出商品特性
- 突出商品使用人群
- 突出商品格调

你可以为你的创意做出无限的联想，只要这样的创意能够贴合商品。在为一个商品宣传进行创意的时候，请你务必找出这个商品最具特色的优点。

在街头，有一些卖刀的小商贩，他们为了表达刀具的锋利，将头发放在刀口上，然后吹气，头发就断开，掉到地上，他们称之为“吹发即断”。其实要表达一把刀的锋利，可以用很多方法。

如果这把刀是户外使用的刀具，那么应该把它想象成勇士之刃，在夕阳里，你决绝地割断绳索；如果是室内用的菜刀，可以把它当成温情之刃，家人在玩耍，你利落地将胡萝卜切成条状。

锋利对于菜刀而言，非常重要，你可以把它形容到极限。但锋利绝不是菜刀的全部。对于文案创作而言，我们不能在一个显而易见的问题上陷入死胡同。我大概是指，不能为了创意而创意。对于菜刀，它的功用就是切菜，要形容它锋利，就让它去切各种不同的菜，不需要让它切空气，切石头。虽然你可以用切更坚硬的东西来表现它的锋利，但无法更贴切。

所以，在对一件商品进行创意的时候，我们需要联系这件商品的使用场景，如果脱离商品本质与使用场景，你的创意就不能给人好的心理反馈，这样的创意是不具备销售力的。

7.2.2 用手法深刻你的目的

当你确定了要以这个卖点为源头来进行创意，那你就需要找一个切入点。你想表现一款电脑在玩游戏时的顺畅度，可以是像冰刀划过冰面，也可以是一颗重型的炸弹炸出屏幕，你慌忙躲闪，才意识到那些炸弹碎片都是虚幻的。

所有的创意手法依然要结合使用场景。当你形容一款电脑的配置很高，玩游戏很顺畅，当你用一些更具冲击力的表现手法来展示这款电脑性能的时候，你的创意更多地要与它的实际用途结合起来。

玩游戏的时候，游戏里的人物都栩栩如生，仿佛可以跳出电脑，仿佛就在你面前陪你说话，这样的创意是可以接受的。

当你形容一个化妆品效果卓越，你可以让人的脸从枯叶变成一片湖。当然要记住，你要表现这个化妆品的效果，你的创意要与人的皮肤结合。如果你想使用其他的素材，也不要脱离这款商品与皮肤的联系。

7.3　创意的表现手法

创意是打破人类固有思维的一种做法，蓝色的太阳与红色的河水这样的表现都是有创意的。

既然创意要打破人类固有的思维，那么我提到的创意思路你仍然可以打破它们——只要创意可以表达目的，就可以这样去做。

7.3.1　夸张永远不会过时

夸张是运用丰富的想象力，在客观现实的基础上有目的地放大或缩小事物的形象特征，以增强表达效果的修辞手法，也叫夸饰或铺张。

将你的商品的优势用夸张的方法表现出来，便是夸张的创意。夸张可分为两类、三种形式，即“普通”类和“超前”类，普通类又可分为两类，即扩大夸张和缩小夸张。

• 扩大夸张：故意把客观事物说得“大、多、高、强、深……”的夸张形式。例如：蜀道之难，难于上青天。

• 缩小夸张：故意把客观事物说得“小、少、低、弱、浅……”的夸张形式。例如：一个浑身黑色的人，站在老栓面前，眼光正像两把刀，刺得老栓缩小了一半。现有成语“寸土必争”“滴水不漏”“寸步难行”等也有同样的表达效果。

• 超前夸张：在时间上把后出现的事物提前一步的夸张形式。例如：农民们都说：“看见这样鲜绿的麦苗，就嗅出白面包子的香味来了。”又如宋·范仲淹《御街行》中的“愁肠已断无由醉，酒未到，先成泪”也是这个意思。

比如你的鞋子可以增强弹跳，那么可以将弹跳度加得非常高；你的衣服非常结实，那么可以让一个胖子穿着它来打篮球，让这个胖子做一些夸张的动作，就可以表现这件衣服的结实程度。你要形容其他物品，比如越野包、帐篷也是这样的逻辑，夸张的动作与夸张的天气都可以形容这件物品很结实。

情感夸张也是非常好的创意手法，在表现一个因为商品特点而带来的情绪时，我们可以将这个情绪表达到极限。

一个人吃到非常好吃的食物的时候，他的表情是什么样的？找出这种表情，将它夸张10倍，用来表现一种食物非常好吃。夸张一个表情不同于夸张一件物品，毕竟表情是比较抽象的概念。我们常说笑掉大牙，但是现实生活中怎么可能把牙齿笑掉呢？这是一个夸张的说法，同时也是一个表情夸张的表现手法。

一个人难过的时候，可以难过到心肺俱裂；沉默的时候，世界都结成了一大块冰；开心的时候，仿佛自己成了世界的王。这样的情感夸张手法不要滥用，我们用夸张的目的最终是为了表现商品的特性，因为这个商品特性我们产生了这样的情感。

错误的方法是：我们觉得这个表情好像挺有意思，我们要用它。或许这个表情真的能够火起来，但它跟你的商品有什么关系呢？

最后，任何的事物都可以使用夸张的方法来表现。

7.3.2　人类喜欢故事的能力与生俱来

人们从小就喜欢听故事，这可能是人的一种进化本能吧，目的是为了获取对自己有价值的信息。

这个世界，善于做走心广告的国家是泰国，他们善于把握人性，他们非常善于挖掘生活中的情绪细节，看泰国做的广告会非常让人感同身受——你会认同他们故事里的情感。站在传播的角度来看，他们的广告非常易于传播，并且，他们的广告会明确地表明自己的服务对象。

泰国的广告喜欢描述小人物的喜怒哀乐，他们并不介意在广告里表述情感的卑劣，人性的肮脏，他们并不介意表达这些，因为这些都是在现实生活中真实存在的。真实的情感不论高雅低俗都可以获得共鸣，并且易于传播，虚假的情感不管如何高尚都不会让人感同身受——这一点在推销商品的时候尤为重要。

我们在为商品讲一个故事的时候，需要考虑到消费人群。你可以为你的消费人群做一个大致的划分，并且在广告中使用他们现实的生活场景与情感交流，这样才能得到他们的认同，才能更好地卖出你的商品。

我们讲一个故事，不是要将消费者培养成你的广告里的人，而是去表现消费者最真实的样子。

将商品融入一个引人入胜的故事里去，你的商品会因为这个故事获得消费者认同。在一个故事里有很多主角，你可以把你的商品也当成一个主角，人们就会因为你讲的一系列故事而喜欢这个主角。

同时，这个主角需要推动剧情发展。可能因为它（商品），主角获得了一份爱情，一份事业，乃至于一份生活感悟。

关于故事，在广告里，我们需要讲一个简单的故事，当然，我指的是故事的逻辑要简单，要让人不用思考就可以看懂故事的内容。

我们需要为所有的故事安排一个让人有感触的结局，这个结局不一定是完美的，但是它一定要让人感同身受。

7.3.3 我们都有选择困难症

大家都想买到最好的商品，但没有办法很快速并且精准地做出选择，你可以为他们做出选择。

范例——你可以为消费者写出这样的标题：

- 程序员必备桌椅套件
- 户外推销员必备运动皮鞋
- 选择它，选择舒适——床上用品
- 大胃王专属餐厅

写出这样的标题后，便可以在之后的内容里详细地介绍你的商品为什么契合这样的标题。

这个思路很简单，但效果非常好，我们要善于使用。加强选择这种创意思想，非常适合用在一些在生活中并没有明确答案的事物上，比如给父母、长辈、领导的礼物，人们在生活中常常不知道送什么。你可以在你的广告里为你的商品添加这种信息，你可以给你的商品打一个“礼物”的标签，这个标签会治好很多人的选择困难症。

其实市面上有非常多雷同的商品，它们的外形功能与价格差异都不明显。所以，一个商家需要将自己与其他的商家区分开来，并且为自己打上一个标签。你要去思考如何治好消费者的选择困难症。当然，这是创意的一个思路，但一个企业运营并不是如此简单的事情。

7.3.4　情绪的增强

情绪的增强也是夸张的一种，但在此我依然将情绪增强单独列为一个小章节，因为我们对情绪增强的逻辑还可以更深刻。

人类有基本的四大情绪：喜怒哀乐。但每一种情绪又分为很多小类别，比如喜：狂喜、窃喜、暗爽、欣喜等。每一种小类别都可以增强，并且都可以带来不同的效果，这些情绪可以针对不同场景与人群。

你吃到一个好吃的东西，会露出什么样的表情，欣喜？激动？摇头喜叹？在你的文字中可以将这种情绪增强十倍百倍，比如："天啊，居然有这么好吃的食物！"这个就让人产生疑惑？哇，这个东西真的如此好吃吗？你也可以在文字的最后写道："真的，就是这么好吃，你没有看错。"

同时，物品也是有情绪的，你的手机就没有情绪吗？当然有。手机是现代人类最亲密的伙伴，日夜跟随，人类丢了它就好像丢了魂一样。如果这个手机拥有快充功能，1 个小时就能充满电，那么这个手机会有什么样的情绪呢？

蚊香片、香水、化妆品都是可以拥有情绪的，我们在做创意的时候，可以把这种情绪当作创作素材——当你需要表达一个商品特性的时候，就可以这样做。

你可以在任何商品上去衍生这种情感创意逻辑。

这就是情绪增强的逻辑。

范例：最好吃的汉堡包广告片

画面 1：不动声色的嘴角

画面 2：略微扬起的嘴角

画面 3：像衣架一样弯曲的嘴角，惊喜并且突出的双眼，主角兴奋地跳了起来。

画外音：美味让你身不由己。

7.3.5 概念的具体化

我们形容一把刀很快，“刀很快”是一个概念，“轻轻切断猪肋骨”就是将其具体化。

这是一个创意思路，你可以在任何商品上使用这个思路。

比如食物，“太好吃了”是一个概念，“舌头的每一个细胞都像在跳舞”是具体化；比如化妆品，“美白你的肌肤”是一个概念，“毛孔变小，拍照不修片”是具体化。

任何类型的广告形式都可以使用这种创意思路。关于概念，我们还可以理解得更深刻一些。套用美国广告人休格曼《文案训练手册》里对于概念的一个描述：“你销售的是牛排的气味，而不是牛排”。这句话我们应该这样去理解，我们销售的不是手机，而是手机清晰无比的通话质量，当然，也可能是它简洁实用的操作系统；我们销售的不是空调，而是最舒服的温度；我们卖的不是水，我们卖的是最纯净的自然。

事实上，从商品衍生出的种种概念都源自这个商品本身。做音乐的人都喜欢用苹果公司的笔记本电脑，他们认为这是标配，这种“标配”概念并不是苹果公司自己提出来的，但确实让人形成了这种认识。

有时候，我们可以为自己的商品主动加入一个概念。比如你要销售一批健身设备，如果请最专业的健身人士为他代言，这些设备便会被认为是专业的。如果在你的广告中出现的是家庭主妇、大腹便便的中年人，那么人们的第一印象便会觉得这是一个普及商品。这种概念取决于你对市场的认识，你对商品本身的认识。

7.3.6 用一个悬念吸引消费者看完整个故事

悬念的逻辑就是你必须看完整个内容才知道发生了什么故事。一个不懂悬念逻辑的人是不可能写出好的小说或者拍出好电视剧来的。

同样，将悬念逻辑用在广告里，也是效果明显，它能让消费者看完一整则广告——如果你的悬念逻辑运用得好的话。

一个好的悬念可以让消费者怀着极大的好奇心看完你的广告，这就是设置悬念的目的。

悬念可以用在任何广告类型上，并且效果卓越。手机厂商在发布新产品之前都会提前放出消息：我们在 10 月 11 日将有一个大新闻发布会；电影制作者也会在电影上映前为自己的电影剪辑一段片花，这个片花的剪辑也是十分有技巧的，大概用“犹抱琵琶半遮面”来形容会比较合适，电影片花能让你看到一些过程或者结果，但你并不知道这些是如何发生的，一个极具悬念的片花真的可以吸引消费者。

悬念利用了人的本能，这个本能指的是：对结果的执念。一个患有忧郁症对生活非常绝望的人是不会被悬念所吸引的，他们失去了探寻源头的本能。

你在开头写下这样一句话：“他十八岁那年一个人跑去了亚马孙的雨林”，人们就一定会好奇他去了之后到底发生了什么，你可以循序渐进地解密他接下来发生的事情。如果这个情节是一个商业广告，那么最后会引出你的商品。另外，引出商品不是你最终的目的，你最终的目的是将商品销售出去，所以在这样的一个商业广告里，你依然要凸显商品的卖点。

设置悬念是创意的一种，你既不能过早地解开悬念，又不能让这个悬念拖太久，如果悬念拖得太久人们就失去好奇心了。特别是网络时代，热点重重，在什么时机解开悬念是一个广告人特别需要思考的。

7.3.7　改变商品的物理属性

改变商品的物理属性是常用的创意套路，在你强调商品的某一个特性的时候，这种创意套路非常打动人心。

我们形容一款汽车速度很快，会把它变成美洲豹的模样，这种形容会让人更容易将这款汽车与速度联系起来。

要形容一个东西的薄，就可以把它变成一件很薄的事物；很厚，同样也将其变成很厚的物体。

完全将一个商品变成另外一件物品，只要这件商品的属性与另一件物品有吻合的地方，就可以这样做。

我们再把思维发散一点，其实不单是在突出商品某种特性的时候我们可以让它改变形状，它的特质也是可以改变形状的。比如蚊香，点燃后在没有风的情况下，烟缓缓地朝上涌动，为了突出这个蚊香的效果，我们可以把这个缓缓朝上的烟变成一些杀蚊的使者，这样就很形象，让人有感触。

第8章

赋予商品更多的社会责任

一家企业发展到一定程度，一定要加强企业的社会责任感，缺失社会责任感的企业是无法走得长远的，同样，社会责任感与一个企业的发展是密不可分的。企业最终的发展都会与社会责任连接。

8.1 最简单的社会责任逻辑

我们从最初步的社会责任来说起，比如一家餐饮企业，在日常经营中会产生非常多的垃圾，垃圾肯定是不能乱扔的，要扔到垃圾车里。还有，做饭的食材，必须要新鲜卫生，这是作为一家餐饮企业最基本的社会责任。

其实人的味觉是很敏感的，食材不新鲜肯定会被察觉出来，对一家餐饮企业来说，使用不好的食材就是在砸自己的饭碗。所以，无良的餐饮企业最终只能倒闭。

8.1.1 社会责任让目标更明确

比如一家大型的手机企业，可以做出很优秀的手机，但我想说的是，终有一天手机的发展会回到社会责任感这个方向来，这与科技进步并不矛盾，只是高配置绝对不是手机最终的目的。

其实手机的本质就是接打电话，这是手机最初的定位，现在随着科技的进步，手机成了高像素的照相机，成了高配置的游戏机。手机的本质已经发生了变化，接打电话从最初的核心功能变成了一个辅助功能。这个变化并不是绝对正确的，是手机厂商在引导这种变化。现在的手机 CPU 都到了十核，内存可以到 8G，其实一个手机并不需要这么好的 CPU，这么大的内存也是浪费掉了，这是商家恶意竞争的产物。把没有必要的配置放在手机上，这样的营销策略在短期内是行得通的，但长远来看，必然会遇到瓶颈，而这个瓶颈能直接导致一家手机厂商的消亡。

手机企业一味地攀比配置，而不是提升配置以外的东西，有一天消费者可能发现：我只是拍拍照片发发微信，并不需要 100 核的手机——如果一家手机企业只是单纯地提升自己的配置，那么消费者不会一直为此买单。

8.1.2 社会责任的误区

我记得我曾经与朋友讨论过一个有趣的问题："为什么有人愿意花 5000 元买个手机，却只愿意花 3000 元买电脑，电脑可以帮人录音、做设计、写文章，手机好像也就是发微信、照相了。"

我说："这与商品无关，这与社会价值有关"。在前面的章节里，我讲过"归属感"与"优越感"，有时候，商品能给人带来这些，就能卖得很贵。优秀的企业竞争对象永远是自己，不太优秀的企业才会每天盯着别人，别家卖 800 元，它家就卖 700 元，别家的手机像素 1000 万，它家的手机像素就 1200 万。如果是这样的竞争思路，企业注定走不远，按照这样的竞争思路，你的竞争对手“死了”，你也跟着它“死”，因为你就是按着竞争对手的模样在做改变。

任何一家企业都要记住，真正值得你做改变的是你的消费者，是这个正在进步的社会，而不是你的竞争对手。如果你的竞争对手发布了一款 15G 内存的手机，你千万不要傻乎乎地告诉工厂，我要 32G——这并不是消费者想要的改变。

8.1.3　社会责任让你挣更多的钱

一年能挣多少钱很重要，但“让所有人都吃上干净便捷的午餐”对于一家餐饮企业来说更重要。阿里巴巴那句“让天下没有难做的生意”，既可当作公司的口号，也可以看作其为这个社会所做出的贡献。社会责任感不是说要捐多少钱，为谁捐，这个社会不止有穷人，也有小资，也有富人，他们都是这个社会的一部分，社会责任感应该要覆盖所有人，而不仅仅是针对贫困的人。

一家企业的社会责任感与企业的发展是相辅相成的，可以说一家企业要想发展壮大，社会责任感是不可或缺的一个环节。

你可以把企业的社会责任感作为帮助你销售商品的支撑。企业的本质是为了盈利，但企业所创造的商品是为了让人们的生活变得更好。你将两者结合起来，便可以得出一个叫“企业与消费者一起变好”的结论，这是一个双赢的结果。

做餐饮，除了味道好，食材的卫生性也非常重要。我觉得，当你做的饭菜都让消费者非常放心，这就是在履行社会责任。

我们在写文案的时候，可以将社会责任感这种思想放到文案中去。当然，这是一个循序渐进的过程，企业发展越长久，越要去强调它的社会责任。

8.2 从社会责任的角度去思考更多

从社会责任的角度来思考，也可以更透彻地分析一家企业的经营策略，如果没有社会责任感，一家企业注定是走不远的。

8.2.1 阿里巴巴广告语：让天下没有难做的生意

马云是一个敢想敢做并且格局很大的人，他一步一步走到今天，有偶然也有必然，更多的是必然。

他是一名英语老师，可以说他真正的强项是英语。在 1995 年的时候，他作为一名英语翻译，有机会在西雅图接触到了互联网。他在当时就看到了互联网的潜力，要知道当时互联网还在萌芽阶段，网速是极其慢的，发送一封电子邮件可能需要一整天的时间，但他就这样笃定了其以后会风靡世界。这里我用了“笃定”与“风靡世界”两个词，这两个词的分量是很大的。离开美国后，他所做的一切就证明他看好互联网，并且愿意付出真真切切的行动去推广这个东西，他相信互联网的前景。

互联网的本质是信息交换，如果只是单方面想到自己的利益，应该选择把所有的信息据为己有，而不是开放给大家。我想这是马云和其他商人的区别。

如果把商品信息据为己有，一定可以获得利润。但想获得更多的利润，那就把信息全部透明化，这样就不单单是你自己的生意，而变成了所有人的生意。他的这种思想就让他的行为具备了社会责任感。

为什么我非常喜欢这个广告语，因为阿里巴巴确实是这么做的。

8.2.2 耐克的视频广告：我在乎的，是赢得未来

这则广告由 NBA 篮球明星勒布朗·詹姆斯演绎，广告词如下：

是什么让人变得了不起?

是拿牛奶箱当篮筐练习投篮?

是连续三年当选俄亥俄州先生?

连续三次为高中夺得洲际篮赛冠军?

或是当选状元秀?

年度新人?

最年轻的 8000 总得分前锋?

还是率领球队历史第一次进入总决赛?

如果在 22 岁前，你就做到了这一切?

这些都很了不起

但这一切都是过去

你在乎的

是赢得未来

这则广告通篇没有关于球鞋的介绍，只是在最后詹姆斯高高跃起准备扣篮的时候，给了篮球鞋一个特写。

其实耐克现在做的视频广告几乎全是这种类型，在视频广告中几乎看不到对鞋子性能的具体描述，广告总是在谈拼搏，谈奋斗，谈情怀。

但这是有原因的，因为鞋子质量已经不需要在广告里细说了，一群 NBA 大汉穿着耐克鞋在赛场上狂奔，本身已经证明了鞋子的质量。在广告里讲情怀，增加曝光率是基本功能，为品牌树立良好形象与履行社会责任才是最终目的——在广告里激励别人会让你的企业拥有社会责任感。

耐克公司成立于 1972 年，距今为止已有 40 余年历史，一个 40 余年历史的运动品牌，拥有深厚的文化沉淀，它所有的广告都不是空洞的。

能参加耐克训练营对于每一个热爱篮球的小孩来说都是非常光荣的一件事情，并且耐克也会在中国举办一些篮球赛事，为中国热爱篮球的小孩提供一些平台与机会。为什么要做这些事情？耐克是一家体育用品企业，举办训练营、举办比赛更多的是为了强化自己的社会责任。耐克公司希望那些热爱篮球的人们能坚持自己的信仰，这不是基于金钱来考虑的，当然，你坚持信仰就需要买篮球鞋，归根结底——也是为了能卖出更多的鞋。

耐克的广告并不是优秀广告的范例，只是它的文化沉淀能够支撑它强调自己的社会责任感。

如果你的企业没有沉淀，你说你的情怀、你的精神，但根本没有做符合这些情怀和精神的事，你的企业就撑不起你的情怀。

我们谈起一些老匠人，都会很佩服，他们坚持一件事情几十年，手艺非常好。我们会认为这个是有情怀的。如果你去年才做这个事，事情还没有做得太好，这个时候你的情怀一文不值。所以，一家企业只有在发展到一定程度，才需要刻意强调自己的社会责任感。

8.2.3 潘婷视频广告：You Can Shine

这个广告曾经一度很知名，不少人看这个广告都看得泪流满面。广告讲的是：

一个耳聋的小女孩学习小提琴，但遭到另外一个女孩的排挤，那个女孩打翻她的谱架，大声地朝她吼：一个聋子，你为什么要浪费时间？

女孩很难过，带着苦闷的心情在街上行走，她遇到了一个同样也拉小提琴的大叔，这个大叔在街边卖艺，他们之间产生了一段很有意思的对话。

女孩：为什么我和别人不一样？

大叔：为什么你要和别人一样，音乐是栩栩如生的，闭上你的双眼你就可以看见。

之后，聋女孩常常来找大叔，并且和他一起拉琴。

聋女与那个打翻她谱架的女孩都要去参加一个比赛，在比赛的当天，聋女与大叔在拉琴的时候，摊子被一群人给砸了，琴也坏掉了。

比赛有条不紊地进行着，在快要结束的那一刻，聋女带着她破烂不堪的小提琴出现了。在她拉琴的那一刻，往事一幕幕重现：打翻的谱架，嘲笑的声音，但她投入其中，这一幕就好像从她的音符里飘了出来。

她的头发飞扬，那些柔顺笔直的头发就好像带着音符一般，从她的身体里喷涌而出，最后她的表演结束，台下的人目瞪口呆。

之后，雷鸣般的掌声淹没了整个音乐厅。

广告最后，最开始出现的那只蝶蛹破裂，蝴蝶飞向高空，潘婷的 logo 顺势而出。

这则广告，通篇都没有介绍潘婷洗发水的成分，它的优势，聋女拉小提琴时飘扬的长发却让你印象非常深刻，那一幕太过震撼了。

这则广告为人讲述了一个关于奋斗、关于拼搏的故事，所有的人都可以在这则广告中获得一些启迪。

潘婷是一个洗发水品牌，它为什么要教人去追寻理想，这不是道德老师该做的事情吗？当你把这种行为理解为潘婷履行社会责任感的一种方式，你便会觉得这个广告是有意义的，它升华了潘婷的品牌形象。

8.2.4　三菱汽车视频广告：回家的路

这则广告以亲情为切入点，描述了一位深爱女儿的父亲，在女儿很小的时候就坚持接女儿回家，直到女儿工作后亦是如此。

在广告的最后，女儿开着三菱汽车，父亲骑着自行走在前方引路，女儿泪流满面，最后的广告词是：全省 154 个家，欢迎你随时回家。

这个广告词告诉消费者，我们在全省有 154 家服务门店，这意味着这家企业拥有强大的规模与良好的售后服务。

除此之外，这个广告通篇没有讲到任何关于三菱汽车的性能以及具体优势，倒是几句出自女儿口中的话语让人印象深刻：“我想，他是怕我忘记了回家的路吧”。

这则广告融入了亲情的元素，为消费者讲述了一个温暖的亲情故事，这是三菱这家企业履行社会责任的一种方式。

第9章

新媒体时代的机遇与思考

新媒体指的就是网络媒体。网络媒体的传播速度与途径相较于传统媒体更具优势。很多现代人几乎已经不再阅读纸媒，传统媒体如果不发展出自己独特的优势，那么它与网络媒体的差距将会日渐增大。

9.1 这是一个新兴行业

新媒体文案是一个近些年才开始被人熟知的职业，我的第一份工作是为一家淘宝女包店写商品文案，但那个时候我还并不知道文案创作者这个职业。我当时直接找到了那家淘宝店老板的电子邮箱，然后给他写了一封信，当然，写得情真意切，正因为这封信我得到了那份工作。在入职的时候，人事为我准备的合同上，我的职位赫然写着“文案”二字，那个时候我才知道，原来我的职位名字叫“文案”。

9.1.1 积累与文字领悟对于文案创作者来说很重要

我觉得作为一个文案创作者，对文字的领悟是很重要的。我在小学的时候就喜欢看文字。在这里我说看文字，没有说看书，其实是这样的：我会去看我能看到的一切文字，家里的书籍也很多，在小学的时候，我便看鲁迅，看弗洛伊德，其他的包括电视机、空调、步步高学习机等一切我能看到的说明书。

我并不是爱学习，这其实是一种无意识行为，我当时看那些文字并不是为了学习，只是单纯为了打发时间而已。而且，我也从未想过长大后要从事文字方面的工作，所以，我觉得顺其自然真的是最好的。

得益于早年的文字积累，文案这个东西就像血液一样融到我的身体里，所以在接触文案这个职业时，我就像鱼儿入水一样，非常自然地游下去了，并且游得很快。

以上这段，并不是完全的题外话，这是一个新兴行业，但你曾经的积累是很重要的。很多时候，上司让你写个文案，但你根本全无头绪，这只能说明你的积累不够。一个知识储备丰厚的文案写手，在接到了一个项目的时候，脑子里能瞬间反应出好几种方案，接下来的事情只是选择并精进一个最好的方案而已。

此外，一个文案写手的上限是由天赋决定的。我观察过很多做文案的人，有些人在做一个项目的时候并不知道为什么要这样去做，他只是看到别人这样做，就觉得这样做是对的；而有些人，他的行为是下意识的，他在拿到一个项目的时候，脑子里瞬间就可以反应出要怎样去做。

9.1.2 我们现在处于一个模仿阶段

现在国内的广告业主要以模仿为主。当然，任何一个行业的发展，最初都是需要模仿的，这并不是一个错误。但是，在模仿过后，我们更需要去思考广告的内核。

其实形式是最容易模仿的，古代有一个成语叫东施效颦，讲的就是模仿外形却忽略内核导致出现笑料。

那内核具体指的是什么呢？

一个人很想成为一名绅士，所以他就按照“绅士模板”来装扮自己，他的发型、服饰甚至走路姿势都与一名真正的绅士一模一样。但人们与他接触后才发现，他满口脏话，而且为人斤斤计较，他根本就不是一个绅士。他模仿了绅士的外形，却没有学习一个绅士真正需要的内核。这里的内核指的就是一个绅士需要具有的礼貌与风度。

广告也是如此，你看见一个广告很好，高大上又打动人心，于是就想模仿这个广告，你认为既然这个广告能成功，那么模仿的广告也能成功。于是你照搬了这个广告的所有套路，但往往结果却并不如人意。

导致这种结果的原因往往是：你太执着于模仿它的外在，而忽略它真正想表述的道理。

我们都崇拜超级英雄，但如果你完全不了解这个超级英雄的背景故事，你根本不会崇拜他。

蜘蛛侠那造型多丑，大红大绿还带个有墨镜的头套。如果你不认识蜘蛛侠，他突然出现在你面前，你一定会吓一跳，然后转身逃跑的。

但当你了解了他，你知道他舍身保护地球、保护人类，你知道他的善良与勇气，当你知道这些以后，你再也不会觉得他的造型丑了，你觉得他酷毙了。

他躯壳之外的东西就是他的内核。所以，在我们开展一个项目的时候，一定要有打动人心的内核。

9.1.3　这是一个朝阳行业

文案因为网络的发展而广为人知，随着时间的推移，文案这个行业的规则将日渐成熟，更多优秀的文案会脱颖而出。

网络的本质是交流、交换、交易，你在网络上做的任何举动最终都不会脱离网络本质。

而文案正是促进这种本质最有力的工具之一。

你在网络上交友，出售二手商品，你总是需要写得有趣一些才能获得更多的关注不是吗？如果你可以熟练掌握一些文案技巧，就能更好地做到这一点。

未来所有企业的发展都离不开网络，它们都需要在网络上销售产品。它们在网络上获得销售额，也可以通过网络让自己的企业形象在短时间内得到大幅度提升。而在传统媒体的时代，这些都是不可想象的，或者需要更大的精力来达成。

而现在，可以更轻松地做到这一点，只要你足够了解这个网络时代。

你可以去观察任何一家企业，几乎都会提供一个叫文案或者策划的职位，这个职位在很长的时间里都是不可或缺的。

随着网络的发展，网络贸易会更加繁荣，这是很直接的一件事情——和它一样直接的是，文案的需求量也会非常大，如果你能掌握这门技能，便可以获得好的就业机会。

但凡网络存在，新时代的文案创作者就不会失业。

9.2 这个行业还存在很多问题

我国的广告业并没有太长时间的沉淀，在传统的广告宣传中，我们丢失了老一辈累积的学问，在网络时代，我们缺少了传统广告的根基。这导致我们太过于执迷模仿与借鉴，从而缺少自己的广告内核。

但随着时间的推移，我国的广告业会成长得越来越好，在这之前，还有很多的问题需要解决。

9.2.1 没有权威的规则

如何评断一名文案创作者的好坏？在现在的中国，并没有权威的规则。一名好的文案创作者，他写出的文字应该兼具创意与销售力，而销售力排在创意前面。

有一个简单的测试，你将桌子上任意一件物品拿起来，然后说出以下三个内容：

- 这个物品的卖点
- 适合人群
- 你要怎么销售它

如果你能写出个大概，那么你具备文案逻辑；如果你完全没有思绪，我觉得你要去理解这种逻辑。所有的商品文案都是基于这种逻辑得来的。

9.2.2　一人身兼多职现象较为普遍

任何一个行业，发展时间越久，职能的区分也就越明显与细化。就如电影行业，灯光师、服装师以及道具师是电影行业里的三个职位，灯光师一般不会兼任道具师的工作，但这种事情可能会发生在一名文案创作者身上。

必须要矫正一个观点：会写字的人都会写文案，甚至于能看文字的都能写文案，这是对文案创作这份工作的严重曲解。

文案创作是非常专业且很依靠天赋的一份工作，它需要对商业、对人的心理都有深刻的理解，绝对不仅仅是写字而已。

你能够写出优秀的商品文案，仅靠这个能力就能获得一份待遇优厚的工作；你可以写出好的广告脚本，就可以成为一个专职的广告脚本写作人。

会写字的人确实很多，好像任何人都能对一名文案创作者写出的文字指手画脚，这是一个不好的氛围。当然，这也与现代文案创作者底蕴不足有关，许多文案创作者并没有笃定自己文字的底气。这种笃定不是盲目的自信，而是心中对一个商品的运营有充分的认识之后，这种自信才让人信服。

现代企业需要功能性人才，就是什么都会的人才，这样的人才对于小企业而言可以节省很多的成本，但这样的人才完全可以自己创业。功能性人才或许什么都会，但根本就没有办法独自将一个项目完成得很优秀，专精一件事情比会很多却不精通要困难得多。

9.2.3 从业者的思考

在很多企业里都会出现一种情况，不同的文案写手思想差异很大。在这个行业里，这种思想差异就是水平差距，不同思想的人几乎没有可能对某一文案的写法产生共鸣。

在一个团队里，大家的水平保持一致，才可以真正地碰撞出火花，否则只会互相压抑，都没有进步。

当然，对于一个刚入行的新手来说，保持自己的阅读量是很重要的，至少你的思想水平会因此获得提高。

其实有过这样的提问："阅读可以提高创作文案的能力吗？"

我的答案是不能，一个人每天听歌就可以把歌唱好吗？一个人每天看各种画展就能画好画吗？显然是不能的。单纯的阅读是不能提高写作能力的，需要不停地写，把写作当成生活。一个对写作没有兴趣的人是做不了文案这份工作的。

另外，写文案是天赋，这种天赋来源于你对商品、对社会及对人的理解，要是理解深刻，你会成为一名非常棒的文案写手。不要认为自己上学的时候可以写一些好文章，你就是一名有天赋的文案写手，这是很错误的想法。

有一点很重要，作为一个文案写手，很多时候不是要锻炼你写作的能力。写文案的时候，有没有表达出你想表达的目的才是最重要的。"表达目的"与"写好"不是一回事，写得很好不一定能表达目的。

关于文案创作者，有些概念需要区分。文案创作者严格意义上指的是广告文案作者，指的是用文字销售商品的这一群人。运营公众号或者运营微博但是并不销售任何商品的人，应该叫作内容创作者。他们创造有趣的内容吸引流量，并不考虑销售的事情。你需要明白一点，你要做的是广告文案创作者还是内容创作者。大部分人，都是后者。

在新媒体时代，广告依托于内容带来的流量，但两者也有明显的差异。广告是为了销售商品，内容是为了吸引流量，但流量并不是商品销售量。有很多请了大明星的企业最后也倒闭了，相反有一些企业从未请过明星代言，但这家企业的发展势头却非常良好。

对于广告从业者而言，我们需要流量，但我们最终需要的是商品销售量。所以我们在做广告的时候，要把商品销量与流量这两个因素都考虑进去。最后，对于很多想从事文案创作的朋友，我倒是有些话说，我觉得这些话能帮到你们。

- 你要对自己的文字非常自信。
- 你要对自己表达的目的非常清晰。
- 你知道自己在干什么。

9.3　如何获得自己的第一份文案工作

中国的广告公司起步比较晚，我们关于广告的理念都来源于国外。

9.3.1　文案工作信息获取途径

小型企业的工作信息，你可以通过 58 同城、赶集网或豆瓣小组获取。在这些平台发布工作信息的公司一般都为初创企业，对文案的要求相对较低，适合没有经验希望获得第一份文案工作的人。

当你累积一定经验与作品后，可以在智联招聘、前程无忧上投递你的简历。另外，朋友介绍也是获取工作的方式之一。

9.3.2 简历的撰写与投递

简历是企业对你的第一印象，在没有见过你本人之前，企业的 HR 对你所有的了解都来源于这份简历。

一份简历制作是否完美、得体决定了你能否接到下一轮的面试通知，所以一定要用心去制作它。

看完这本书前面的内容，你就知道本质的重要性。想想看，作为 HR，想招聘一名文案写手，最看重的是什么？身高、体重、长相？应该都不大是。

所以撰写简历的时候，最关键的部分还是要展示你驾驭文案这份工作的能力，另外一部分是你对这家企业价值观的认同感。

一份完整的简历包含以下三个内容即可：

1. 个人基本资料

这是必填项，按照格式填写完整即可。

2. 职业技能描述

应该把更大的篇幅放在这一部分。

你获得的有关文字的荣誉都可以在此列出，如果你在某个杂志上发表过文章，也可以在此列出刊号。如果你有广告从业经验，把你的项目在此列出。

如果你有其他荣誉，比如 K 歌冠军、围棋冠军等，可以在介绍完你的文案技能后，选择用小字号依序列出。这些荣誉对于你获得这份文案工作是辅助项，但不是决定项。

3. 个人评价

在这里你可以介绍你的性格与爱好，要言简意赅。言简意赅不是说要写得很少，而是不要有废话。想杜绝废话就写事实，不要写感想。性格活泼开朗就是废话，直接写在求学期间跟谁都能做朋友就更容易让人理解。

写个人评价的时候，需要客观的文风。客观的文风是什么？

范例：

“我是一个很有亲和力的人。”如果你写了这样的句子，就需要拿出事实来佐证。如果你写的是“班主任评语：富有亲和力”则不需要事实佐证了。

写个人评价，可以使用前文中提到的文案技巧。关于简历的格式，最大的要求就是简洁，方便阅读。

9.3.3　附上真诚的自荐信

自荐信是针对这家企业的这个岗位所做出的自我评述，在这里可以详细地叙述针对这个岗位你所具备的优势。

1. 自荐信的具体要求

（1）语气自然，语言和句子要简单明了

写信语气要正式但不能僵硬。语言要直截了当，不要咬文嚼字，要生动，使句子有力。

（2）通俗易懂，要考虑读者的知识背景

人事经理不是这个专业的行家，所以，不能用太过专业的字眼，一来人事经理会对自己看不懂的东西失去兴趣，二来未免有卖弄之嫌。切记：不要使用生僻词语、专业术语。

（3）言简意赅，切忌面面俱到

公司负责招聘的工作人员多半工作量大，时间宝贵，不可能花时间在你冗长的自荐信上。所以，自荐信应在重点突出、内容完整的前提下，尽可能简明扼要，多用短句，每段只表达一个意思，避免惹人反感。

（4）具体明确，不要使用模糊、笼统的字眼

多使用实例、数字等具体的说明。如："我设计的生产日程安排系统为公司创收超过一百万美金"就比"我设计的日程安排系统为公司创收颇丰"有说服力。

2. 写作窍门

（1）突出自己对行业的认识

你对所属行业有没有一些独特见解？同业常遇到的问题，你的解决方法如何？如果是人人赞好的，不妨在信中透露端倪，令雇主非见你详加查问不可。

（2）列出可为公司带来的利益

带出聘用你将为公司带来益处的中心思想，具体的方法是，列出过往功绩，最好是营业额的增长或销售数字等简单易明的数据。

（3）满足雇主的自我中心

写自荐信，必会注明收信人姓名职衔（如你根本不知道应写给谁，那就别写自荐信了）。如果是认识的人，可揣摩其性格，写上几句赞美之辞。

（4）表现自己对企业、工作的兴趣

毛遂自荐，最有力的解释就是对这家企业深感兴趣，充分表现出对相关工作的热诚，才会释去雇主的疑虑，放心见你。

3. 写作要求

（1）文风自然

使用简洁通俗的语言，句式结构尽量简单，不要为了求新求异而让人觉得拗口。行文的语言不妨口语化一点，要有灵气，就像是娓娓道来，但又不可丢了分寸，让人觉得无聊。

（2）避免陈词滥调

写自荐信不能落于俗套，像"我很有人缘"这类话最好还是少说为

宜。不要在自荐信里抱怨以前的老板，或者用“无聊”“没趣”来形容先前的工作。谁愿意任用一个总是有情绪的员工呢？除此以外，还要注意不要让人觉得你是在乞求一份工作，因为人事经理很可能会因此认为你的境遇不佳。

（3）自信但不自傲

不要自我否定也不要过于谦卑。告诉负责人你很适合某份工作，但是不要以命令语气。不要装作熟悉你根本就不了解的事情，说明你为什么会对公司感兴趣，这样就够了。

（4）礼貌而专业

也许在朋友面前，你是个天生的喜剧演员，而面对人事经理，距离与尊重才是最佳的相处之道。

9.3.4　将你的作品集添加至附件中

如果你是一名有经验的文案，可以把之前所做的项目做成一本小册子，拿着这本册子去求职。当然，你也可以将这本册子的电子版添加到邮件附件中，发送给你要求职的企业。

这个作品集非常重要，你需要用心地制作它，它能让招聘人对你的能力有一个最直观的评估。

如果你写过非常多的商品文案，你可以将这些作品编辑成画册的形式，将一个页面分成两半，上半部分是商品图，下半部分是你为它写的文案。

但对于没有作品的新手，你可以这样做：挑出市面上的一些广告，重新为这些商品撰写新的广告文案或提出思路。这样的商品思路与文案写三五个，然后和平时写的日记杂文之类的作品一起制作成册子，也就成了你的作品集，我相信这样的一个作品集可以让你更容易地找到你心仪的文案工作。

关于重新撰写广告文案与提出新思路，下面给出一些提示。

范例：曾经播过的一个雕牌洗衣粉广告

两个小孩在公园里疯玩，弄得身上非常脏，隔壁的妈妈看到这样的场景都撅起嘴巴，但小孩的妈妈却并不生气，她说：有雕牌，轻松去污。广告的最后，洗干净的衣服挂在绳子上，漂亮极了。

这则广告非常好，你可以选择为雕牌洗衣粉再写一个故事，表现它的某一个特质，并且要讲解出你写这个故事的具体思路。当然，也可能不是一个故事，可以用任意的方式来为这个商品重新写一个广告。

其实你创作的何种作品，都可以在你的作品集中展示，而不是只展示你认为最优秀的。你可以将你的作品集标注日期，这样也可以让人直观地看到你的进步。

针对文案而言，作品可以按年份编排归纳你的作品；也可以按照分类来编排，即按照体裁如诗歌、小说、散文等分类来归纳。

如果你创作文案的年头较长，按照年份来编排是较为合适的，还可以在每一年作品的后面添加你这一年的感悟。随着年纪及阅历的增长，你创作的思路与文风都会发生改变，这样可以让人更清楚地了解你现在的创作状态。作品的编排要求依旧是简洁，忌花哨，要块类清晰，便于阅读。

9.3.5 给面试官留个好印象

面试就如同一场谈判，在你投递简历的时候，你已经将你的筹码告知给对方了，所以面试实际上是你们针对你的筹码展开的价值争论。

当你这样去想，把自己当成一个谈判者，而不是一个被动的面试者，你就应该表现得更加自如。表现怯弱的谈判者，是没有办法获得想要的谈判结果的。

你可以事先去了解你将要面试的企业的资料，它们正在服务的对象，从而得出你的应对方法。正常的企业会喜欢具有影响力的员工，这种员工一般性格外向，能够对某件事说出自己的看法。当然，你的看法可以是错误的，但必须具备逻辑，毫无逻辑的看法只会起到反效果。

自信是面试得以成功一个很重要的因素，自信是你对自己专业的自信，不是你对自己躯体的自信。我们常常会看到有些人，比如一名画家，平时貌不惊人，话语不多，但一旦谈论起绘画，便可以滔滔不绝，说出自己的很多看法，实质上这种滔滔不绝就来源于他对自己绘画能力的自信。当他谈论绘画的时候，他作为一个画家是很迷人的。

同样，你作为一名文案创作者，当面试官要求你就某个商品或者事物发表意见的时候，你应该尽情地释放你的才华。记住，这可是你热爱的东西，你以后要从事的事业。这个时候，不需要唯唯诺诺，你的过分矜持只会让人觉得你并没有那么多才华。

自信与自傲一线之隔，如果你把握不好这个界限，会给人留下夸夸其谈的印象，要杜绝这种现象，你需要对自己有一个准确客观的认识。

你曾经做过一件事，不管这件事成功与否，你都可以针对这件事发表你的想法。成功了就总结成功经验，失败了就反省。不要去强调因为外界因素导致失败，这样是不能让人信服的。

9.3.6　面试的几个要点

面试时还是大方自然比较好，既然你已经收到了面试通知，那就证明你的能力是符合企业要求的。

面试对于企业而言，更多的是了解你能力以外的东西，下面提到的几点会为你加分。

1. 请务必守时

按照约定的时间到达指定地方，是对对方的尊重，同时，良好的时间观念也让人有信任感。所以，请务必准时到达面试地点。

有一点很重要，不要卡着时间参加面试，如果时间太紧，你到面试地点的时候必然是气喘吁吁了，这时你能够表现出最好的面试状态吗？

我想面试官更希望看到的是一名稳重从容的面试者。

2. 干净利落的穿着为你加分

在网络上，有很多关于面试文案职位应该如何着装的问题，我的建议是干净利落即可。

在广告公司里做文案，便装即可，西装不是必需品，牛仔 T 恤衬衫都是不错的选择。

适当地看着面试官的眼睛，表示你在认真听，听完问题后，可以略微思考，然后作答。

与面试官交流的状态应该保持一种正式但又不过分严肃的状态，你的过分严谨会让整个面试气氛趋于紧张，这不是好的面试氛围。

3. 不要在回答中掺杂过多的“恩，阿”

一气呵成的陈诉为你加分，过多的停顿语会让听者思路断裂，这会让你的形象减分。

在进行一场面试前，你需要做一些事前准备。即便你不主动陈述公司服务项目的写作思路，面试官也有很大概率问到这个问题。

关于这点，面试官也不会指望你能做完美的回答，但你独立思考的能力在这个问答中可以得到充足体现，这才是你回答这个问题的意义。

4. 不卑不亢，落落大方

想做到这一点并不如想象中那么容易，这与人的心理素质有关。还是强调一点，你要自信，只有自信起来，在面对面试官提问的时候才能从容不迫。另外一点，你要展现的是一个真实的自己，不需要表现成另外一个人。有时候，你会非常紧张，可能是因为你太想展现一些你并不具备的素养。

你的性格活泼或者内敛对于文案这份工作来说都是可以接受的，你说话的层次与条理相对于你的性格而言更为重要。面试官在问问题的时候，你要敢说，只要你觉得是正确的，便可以将它说出来。

9.4　成为“文案”只是你“文案”生涯的开始

你成为一名文案写手，可以向别人介绍你的职业：一名文案工作者。这意味着你现在是一个靠文字来养活自己的人，但接下来的路还是漫长的。你需要不断学习成长，才能在这条路上走到最后。

9.4.1　你可能会遇到的问题

对于新手而言，你会受到不公平的待遇，当然这种“不公平”对每个刚入行的人来说其实是公平的，每个人或多或少都会遇到这种状况。

我曾经在云南的一家广告公司里从事文案工作，就亲眼见证了一个不太友好的故事。

故事的主角是一个女孩，学文学的研究生，按理说文学造诣应该很不错，当然，我并不清楚她到底有多了解文案，但通过我的观察，她很迷茫，对自己正在从事的职业毫无自信。这样的怯弱导致谁都可以批评她写的东西，她也从未反驳，当然，反驳的结果是更严重的批评。

她的座位就在我后面，我其实有意识到，她那个项目的组长对她的批评很多都是站不住脚的，单纯为了批评而批评，这导致这个女孩越发畏手畏脚。当时我们给一个房企服务，用的是企业公众号。我看过她写的文字，并无不妥，但问题是她的项目组长却不满意。

其实项目组长自身的阅历也并不深厚，他一味地否决，却不给出更好的建议，这样只会让项目成员更加无所适从。

我当时作为一个插队的项目成员，也没有办法帮助她，但我仍认为她受到了不公平的对待，我相信这样的情况不是特例。

在国内，广告公司员工是比较辛苦的，当然，更多时候，我认为这种辛苦并不是身体上的，而是心理上的疲惫。如果你有一种“有力使不出的感觉”，我想至少你是喜爱这份工作的。

9.4.2 你脑袋里的想法都被否决掉了

对于文案新手而言，大家都可以挑你的刺，当然，你写的东西或许也是真的不太适合当下的情况。“当下情况”指的是什么？

我想不仅仅是你这条文案的好坏，或许还涉及公司的运营状况以及公司政治，你遇到否定是不可避免的。

对于新手而言，我更建议你去做商品文案，当然，并不存在纯粹的商品文案，有时候你也需要在网络上写一些推广文案。作为文案新手，如果你有独立负责一个项目的机会，那么这样的机会能让你的成长非常迅速，而在广告公司里，这样的机会几乎是不可能的。

所以你可以选择小公司，选择一家对网络看好但又缺乏文案人才的公司，在这样的公司，你往往可以做那个挑起大梁的人，但这需要你对自己的能力非常有自信。如果你不自信，你无法获得这份工作。

如果一家公司里只有你一个文案写手，那么你需要维护你文字的权威，如果一直被否定，你的过分忍让不会让你显得谦卑，别人只会认为你无法胜任这份工作。在更多时候，你与其他人协作，需要将自己的想法解释清楚，这样可以避免被否定。

9.4.3 你在写你认为不对的东西

关于“不对”也分多种情况，有时候，你怎么也不明白自己为什么不对，是因为你没有理解这些“不对”的本质。

一种“不对”是你的思想是对的，但是你没有将你的思想写出来。就好像你对别人讲，你要画一只有沧桑感的老鹰，结果你只是画了一只可爱的小鸡。这种现象常常出现，你讲思路的时候让人觉得有意思，但事实上你没有表现出你的思想。

解决这种“不对”的办法是，你要很清楚自己到底能写出什么，如果你没有办法写出一个好故事，就不要给人描述一个好故事。

另一种“不对”是你写的是对的，但你的描述不对。作为一名文案写手，你需要用最直接、最通俗的语言把你的想法描述出来，不需要把整篇文章的想法都说出来，只要说出最核心的东西。你问一个导演，一部电影到底要怎么拍，他肯定不会把具体的拍摄方法都告诉你，因为你也听不懂，重要的是这个太耗费时间。他会说，这个片子很夸张，台词很前卫，大概类似于“万万没想到”，当然，我们的内容是全新创作，而且与他们不一样。这样讲就足以让人理解了。

还有一种“不对”是你的思想与你写的东西都是对的，但当时的情况，不允许你写出对的东西，如果你的对错无关紧要，你真的要考虑你是否需要换工作。

9.4.4　无法与设计师达成一致

造成这一点的根源是你们对最终的成果想法不一样，你们对文案的理解不一样，你们的目的不一样。目的是最重要的，你们可先把目的一条一条地写出来，这对于减少分歧是很有作用的。你可以这样写：

- 表现它的薄度
- 表现它非常适合在室内使用
- 表现它非常适合上班族使用
- 表现它的摄像功能，黑暗中的拍摄能力

先把这些条目写出来，然后你们再商量如何去做，如果不是商品文案，你依然可以列出你们的目的：

- 要有一个悬念，让人意想不到的悬念
- 一定要让人看到最后

当你们把目的写出来后，你会发现彼此有很多思想是与目的分离的，如果不能对目的有促进作用，这个想法是无意义的，而写出目的可以减少很多无意义的想法。

还有一个是能力问题，设计师没有办法做出你想要的东西，但其实这是可以解决的，作为一名文案创作者，你要有能力引导你的设计师。表现一个目的可以很复杂，也可以简单，让你的设计师用自己的能力解决目的，你们一起来做这件事情。

另外，作为一名文案创作者，你要明确自己的定位，你与设计师的目的是一样的，但视觉这一部分不是你的专长，所以更多时候，应该将视觉呈现交给设计师来完成。如果目的明确，视觉的呈现让设计师来完成，你不需要提过多的意见。

9.4.5 客户的要求与你学习的文案创作理论相违背

文案创作理论很重要的一个环节就是“营销”，如果缺失了这一点，你无法与任何客户达成一致。

客户心里想的永远是需要让商品更好地卖出去，而不是你孤芳自赏觉得完美。文案创作者不是艺术家，你永远不是艺术家。

如果客户希望你能写得更有格调，那么你就可以向着这个方向推进。如果客户既需要销售力，又需要格调，作为文案写手，你只需要提供其中一件。这二者没有办法完美并存，了解了这一点，你大概可以解决很多心中的疑惑。

9.5　试着这样去做吧

困境总是让人沮丧，在你的职业生涯中，总是会遇到或大或小的挫折，它们是不是打倒了你？或者，你在一次次的挫折中变得越发坚强，其实它们也是你职业的一部分。

9.5.1　与客户经理保持良好关系

在广告公司，文案写手与设计师是没有机会与消费者直接交流的，所以你对客户经理的了解就显得至关重要。

从某方面来说，客户经理对你的态度就决定了你在这家公司的地位。如果客户经理不喜欢你，或许连带着你写的东西都变得不对了，这种情况也不是没有。

了解客户经理的传达习惯也很重要，有时候，你需要问自己，你是不是真听明白客户经理说了什么。你们彼此的了解会让你们更易沟通。

9.5.2　按照客户的要求修改文案

在最初的时候，你可以不用那么执着于自己的文字，按照客户的要求来做修改吧，一次好的合作可以让你之后更易于施展才华。

除非你在业内已经很有名气，否则你的底气只能源于你的成果，所以，累积经验，累积成果，你会越做越好。

9.5.3　避免传达误差，用直观通俗的方式表述

避免传达误差有效的沟通技巧是：直接告诉客户你要呈现的结果，当客户问你如何呈现的时候，你再具体描述过程。

避免传达误差更好的方法就是：学习像小学生一样说话。他们如何说话？他们说话直来直往。

“你吃饭了没？”“吃了。”“吃了什么？”“红烧肉。”说话直接就可以很好避免误差。

在有些场合，似乎存在一种“只可意会不可言传”的话语，但在工作中，这种话语还是杜绝为好。

后记

作为一本严格意义上的教学书籍，我认为这本书会给所有广告从业者或者有意向从事于此职业的人非常大的启迪，这一点我是自信的。

我最大的愿望就是：我国的广告会越来越好，所有才华横溢的人都能在这个行业里尽情地施展才华，这需要甲方乙方的共同努力。

另外，广告人很辛苦，但如果自己制作的广告能帮助企业销售出商品，所有的辛苦都是值得的。很多电视剧里，会把广告人形容得光鲜靓丽，当然那只是电视剧。如果你要做一名文案创作者，还是要精准地给自己一个定位：我是一名帮助企业卖商品的销售员，我用文字来做这件事。

如果你已经成为一名成熟文案创作者，那么你应该非常自豪，因为这件事并不是所有人都可以做好的。

感谢所有支持这本书的人，谢谢。